MOST OF THE STARS

Other Books of Interest from St. Augustine's Press

John Poch, *God's Poems: The Beauty of Poetry and the Christian Imagination*

John Poch, *Fix Quiet*

Dakin Matthews, *Alleluias of the Mind: The Songs of Aquinas*

Paul Murray, *Moling in Meditation: A Psalter for an Early Irish Monk*

Joseph Bottum, *Spending the Winter*

Charles Peguy, (Kathleen Curran-Sweeney, Translator), *Eve*

George Gänswein, *Who Believes Is Not Alone: My Life Beside Benedict XVI*

S. J. Hodson, *New Songs of Innocence*

Gabriel Marcel (Maria Traub, Translator), *Toward Another Kingdom*

Donald S. Prudlo, *Governing Perfection*

Michael Franz (editor), *Eric Voegelin's Late Meditations and Essays: Critical Commentary Companions*

Peter Kreeft, *The Philosophy of Jesus*

Peter Kreeft, *Socratic Logic (3rd Edition)*

Pete Fraser, *Twelve Films about Love and Heaven*

Jean-Luc Marion, *Descartes's Grey Ontology: Cartesian Science and Aristotelian Thought in the Regulae*

Josef Pieper, *In Tune with the World*

Sister M. Pascalina Lehnert, *His Humble Servant: Sister M. Pascalina Lehnert's Memoirs of Her Years of Service to Eugenio Pacelli, Pope Pius XII*

John Paull II, *John Paul II LifeGuide: Words to Live By*

Roger Scruton, *The Meaning of Conservatism: Revised 3rd Edition*

Roger Scruton, *The Politics of Culture and Other Essays*

D. C. Schindler, *God and the City*

Winston Churchill, *My Early Life*

MOST OF THE STARS
AN AMERICAN SONG

Pietro Federico

Translated by John Poch and the Author

St. Augustine's Press
South Bend, Indiana

Manufactured in the United States of America.

1 2 3 4 5 6 30 29 28 27 26 25

Library of Congress Control Number: 2024940221

Paperback ISBN: 978-1-58731-534-3
Ebook ISBN: 978-1-58731-535-0

∞ The paper used in this publication meets the minimum requirements of the American National Standard for Information Sciences – Permanence of Paper for Printed Materials, ANSI Z39.48-1984.

St. Augustine's Press
www.staugustine.net

for Bryan Giemza

TABLE OF CONTENTS

ACKNOWLEDGMENTS

We are grateful to the editors of the magazines who first published these translations: *Alabama Literary Review, American Poetry Review, Another Chicago Magazine, Azonal, Birmingham Poetry Review, Exchanges, Gradiva, Hopkins Review, Journal of Italian Translation, LIT, Literary Matters, Los Angeles Review, New England Review, Northwest Review, On the Seawall, Raritan,* and *Rattle.*

We are grateful to Grace College for their encouragement and support.

LA MAGGIORANZA DELLE STELLE

CANTO AMERICANO

MOST OF THE STARS

AN AMERICAN SONG

COLORADO

*

Il motto dello stato del Colorado è "Nil sine numine" che vuol dire: Niente senza la divinità. Sono parole prese dall'Eneide.

Quando emergo dalle cave a Cripple Creek
le mie braccia sono così stanche
pendono dalle spalle inerti.
Qualcuno mi deve aiutare altrimenti
neanche riesco a svuotare la borsa nel vagone
con gli ultimi frammenti.
Esco sempre al tramonto e dapprima
questa soglia ciclopica è accecante.
Le mie pupille sono grandi la capocchia di uno spillo
e non registrano che luce.
Le rotaie sputate dalla grotta
si disfano in divina incandescenza.
E non so niente del creato tranne
l'immondo sudiciume che mi è addosso
le pietre dei binari scricchiolanti
sotto i miei stivali e i secchi e i picconi
poggiati molto prima dell'ingresso
salvi nella penombra.
Poi gli orecchi inciampano nel fiume
gli occhi nelle montagne.
Quasi non ricordi i nomi di ciò che vedi.
Raffineria è un'immensa palafitta stracolma di apparecchi
metà confitta nella roccia
e il resto non ci credi sporge tanto
nell'aria sopra il fiume
che non ho capito ancora come faccia a stare in piedi.

COLORADO

*

The motto of the state of Colorado is "Nil sine numine" which means: Nothing without divinity. These words are taken from the Aeneid.

When I emerge from the mines at Cripple Creek
my arms are so tired
they hang from my shoulders.
Someone has to help me, otherwise
I can't even empty the bag into the wagon
with the last fragments.
I always come out at sunset, and at first
this Cyclops's threshold is blinding.
My pupils are small as the head of a pin,
and they register only light.
The rails spit from the cave
their own undoing in divine incandescence.
And I don't know anything about creation except
for the utter filth that is on me,
the stones from along the tracks that creak
under my boots, and the buckets and pickaxes
leaning long before the entrance,
safe in shadow.
Then my ears stumble in the river,
my eyes in the mountains.
You hardly remember the names of what you see.
Refinery is an immense stilt-building crammed with braces
half stuck in the rock,
and the rest sticks out so much
in the air above the river
that I still can't believe they made it stand.

A quest'ora comunque hanno fermato il macchinario
e nel vento Chinook che scende dalle cime
sento l'immenso fruscio degli abeti
e il bussare struggente del picchio
sui tronchi il tormento
che infligge loro per fame.

Ma niente è comparabile al tramonto
a questo suo venire diagonale con il vento.
Dal buio di queste caverne uscendo
controcorrente a questa luce un sentimento
un sapere ti cresce nell'istinto
le primissime stelle le montagne
persino le tue mani nere spossate
non sei tu che nel vederle le fai vere.
Molte sere fa parlai di tutto questo
a un ingegnere che mi disse:
la maggioranza delle stelle ci è nascosta
la notte altrimenti sarebbe
una volta di luce abbagliante
come l'uscita da queste miniere.
Un santo un poveraccio un assassino
un minatore un pagliaccio un pioniere.
Qualcuno trovi il modo mi racconti
tutte le vite e le morti che un sogno
non può contenere.
Credo che se i morti e gli dei non ci parlano
è perché non sentono il bisogno
di avere ragione.
Gli occhi non sono picconi ma vele
nel vento del sole.

At this time of the day, however, they have stopped the machinery
and in the Chinook wind that descends from the peaks
I hear the vast rustle of the firs
and the melancholy knock of the woodpecker
inflicting on the trunks
his hungry torment.

But nothing compares to the sunset,
to its coming, diagonal with the wind.
Emerging from the darkness of these caves
against this light, a feeling,
a knowledge grows in you, instinctual:
the very first stars, the mountains,
even your tired, blackened hands—
it is not your seeing them that makes them true.
Many evenings ago I talked about all this
to an engineer who told me:
Most of the stars are hidden from us.
Otherwise the night would be
a vault of dazzling light,
like the exit from these mines.
Saint, poor man, murderer,
miner, clown, pioneer,
someone please find a way to tell me
all the lives and deaths that a dream of mine
cannot contain.
I believe if the dead and the gods don't speak to us
it's because they don't feel the need
to be right.
The eyes are not pickaxes but sails
in the wind of the sun.

OKLAHOMA

*

Black Sunday – 14 Aprile – 1935

Sappiamo così poco della grande pianura
solo la promessa del governo
ma più ci avventuriamo nell'interno
più l'erba si fa alta e verde
e c'è già chi crede che finora
sia stata solo colpa nostra
che ci sarebbe bastato anni fa
non fermarci così presto
che la risposta è in fondo così semplice
una questione di miglia
di un nuovo innesto.
La promessa di pace del mondo è legittima
siamo noi cui per pigrizia piace
fare la vittima.
Cosa costa un grande sogno?
Un dollaro e venticinque ad acro ci dicono.
Non aggiungono altro.
Non ce n'è bisogno.
Noi non facciamo altre domande.
Grandi Pianure e pensiamo che *grande*
sia soltanto una questione di distanze.
Non abbiamo mai visto una terra
dove il mare del vento non abbia mura
dove il sole batte così forte
che una volta aver divelto l'erba
il terreno in un giorno diventa sabbia
dove nuvole sorvolano con la nostra stessa ansia

OKLAHOMA

*

Black Sunday – April 14th, 1935

We know so little of the great plains,
except the promise the government made.
But the farther we explore the interior
the higher the grass grows and greener.
Now, there are those who believe
that it has been thus far only our fault,
that it would have been enough years ago
for us not to stop so fast,
that the answer was in fact so simple,
a question of miles,
of a new graft.
The peace the world promises seems fair.
Ourselves, we're lazy and like
to play the victim.
How much does a great dream cost?
One dollar twenty five per acre, they said.
They don't add anything to that.
No need.
We don't ask any more questions.
Great Plains, so we think "great"
is just a question of distance.
We have never seen a land
where the sea of the wind has no wall,
where the sun beats so hard
that once you've scalped the hay
the soil in one day turns to sand,
where clouds fly over like our own migrating

di masse migranti di angeli
che non hanno il tempo di piangere.

In assenza della pioggia i nostri padri
sanno solo dell'aratro
e in un silenzio disperato come ladri
senza sapere abbastanza dissodano e dissodano
il mistero l'altro.
Il passato remoto in questa terra
non ha mai avuto a che fare con la febbre
che infuria in noi nel punto
in cui la nostra fame si sazia
e inizia il sogno.
Il passato remoto qui non ha mai avuto bisogno
di prendere riparo troppo in fondo.
Tiene a sé la terra con il morso lieve dell'erba
con il lungo e sottile umidore
che una volta esposto al sole
si asciuga come neve.
E quanto la sua innocenza è a fior di pelle
tanto castiga la sua sentenza.
Quando piove piove molto lontano
e la pioggia alza un'immensa
nuvola di polvere nella distanza
che nel vento non si può depositare
e nel sole non si può sciogliere.
E la polvere chiama altra polvere.
Mio padre dice
tutti in casa è una tempesta
ma non c'è un tuono né una folgore
nella distanza.

anxious masses, like angels
who have no time for tears.

In the absence of rain our fathers
know only of the plow,
and in a desperate silence like robbers
not knowing enough they plow and plow
the mystery, the other.
The distant past of this land
has never had to deal with the fever
that rages like fire in us
where our hunger is satisfied
and our dream begins.
The distant past here has never
had to hide itself too deep.
It holds the earth together
by the gentle bite of the grass,
by the spread thin humidity
that evaporates like snow
exposed to the sun.
So as its innocence so much exposed,
so punishing is its sentence.
When it rains it rains far hence
and the rain raises, immense,
a distant cloud of dust
the wind will not allow to fall,
and in the sun it cannot be dissolved.
And dust to dust it calls.
My father says,
Everybody home—it must be a storm,
but in the distance

Per prima la vede mia sorella alla finestra
e me la indica.
Non si dimentica il silenzio con cui viene
la vasta sentenza della polvere
l'imboscata del mistero che si vendica.
Non si addomestica l'apocalisse.
Polvere sei e in polvere tutto muterai.
Ama la terra su cui vivi
e temi l'amore che ti restituisce
perché tende a rivelare i pensieri del tuo cuore
quelli che nemmeno tu capisci.
Ricordo quel buio assoluto di eclisse
in pieno giorno.
Le famiglie morte asfissiate nelle case
dopo essere riuscite a stento a fare ritorno.
Il tetto strappato con violenza dal vento
e per anni la polvere da ogni fessura
lo spessore dei cerchi lasciati dalle tazze nella credenza.
Prima di ogni cosa ti entra nell'istinto
persino in dormiveglia
la terribile pazienza della sabbia
che soffoca il respiro in bocca al sepolto
così quando il suo peso ti sveglia
tanto ti preme sul volto
serri le labbra come fossero un sigillo.
Ricordo l'ecatombe del bestiame
quel toro lacerato al collo come da un artiglio.
Senza dirlo sentirsi braccati e a un tempo
già pressati nelle nostre tombe.
Adesso non ci resta che emigrare in California
uscire dall'apocalisse rientrare nel tempo

there is neither lightning nor thunder.
My sister is the first who sees it from the window,
and she points it out to me.
You can't forget the silence coming,
the dust now issuing its sentence,
the ambush of the mystery, its vengeance.
Dust you are, and all you will turn to dust.
Love the land you live on
and fear the love it gives you back,
because it tends to reveal the thoughts of your heart,
even those you cannot understand.
I remember an eclipse, the dark absolute
in broad daylight.
Families choked to death in their homes
after barely making it back.
I remember our roof ripped off,
for years the dust from every crevice, how thick
the circles left around our glasses in the cupboard.
Before anything else, your instinct knows
even half asleep
how terrible is the patience of sand
that suffocates the breath in the mouth of the buried.
So when its weight wakes you
from pressing on your face,
you seal your lips together.
I remember the hecatomb,
that bull sliced like a claw across the throat.
Without saying it, we feel hunted and at the same time
trapped inside our tombs.
Now we cannot help but flee to California,
to exit the apocalypse, returning to time,

magari la città degli angeli
dove i soldi crescono sugli alberi
e il peso che sentiamo sui volti è quello del sole
dove le labbra si aprono come un sigillo infranto
e possiamo ancora soffocare il cielo di parole
senza chiederci se ascolti.
Ci basterà riuscire a respirare per vivere da assolti
per continuare a vivere nei sogni in cui siamo sepolti.

maybe the City of Angels
where money grows on trees
and it's only the weight of the sun we feel on our faces,
where our lips open like a broken seal,
and we can still suffocate the heavens with our stories
without asking if it listens.
It will be enough for us to breathe, to live absolved, carried
forward living in the dreams where we are buried.

NEW MEXICO

*

Troverai la nota
che ho lasciato sulla porta
Se mi cerchi o non mi cerchi
non importa e so già
che sulla strada del lavoro riderai
con i tuoi occhi azzurri
ricordando ogni volta
che mi hai visto di spalle
e per istanti interminabili hai fissato
l'orbita vuota delle mie chitarre
la musica che non ci vede
e nemmeno ci ascolta.
La primavera ad Albuquerque
ha qualcosa di glorioso
fiori blu di cui non conosco il nome
perché lo sai tu
alti e bombati come aste
e microfoni anni quaranta.
Sempre di più la stessa cosa non so come
nei pressi di Santa Fe
e poi la Carson National Forest
sempre dando luce a questa gloria
che mi chiama da un milione di microfoni
senza mai dire il suo nome.
In New Mexico il cielo ci parla in ogni modo
il turbine di polvere e il sussurro
ma non importa quanto ci tendiamo in ascolto.
È impossibile cantare intonato

NEW MEXICO

*

You will find the note
that I left on the door.
If you're looking for me or not,
it doesn't matter, and I already know
that on your way to work you'll laugh
with your blue eyes
remembering every time
that you saw me walking away,
and for endless moments you stared
at the empty eye socket of my guitar,
the music neither seeing us
nor listening.
Spring in Albuquerque
is something glorious,
a blue flower whose name I don't know
because you know it,
these tall and rounded like rods,
microphones from the forties.
Always more of the same, I don't know how
it is, near Santa Fe
and then the Carson National Forest,
forever lighting up this glory,
calling to me from a million microphones
without ever speaking its own name.
In New Mexico the sky speaks to us in so many ways,
the dust devil or the whisper of a breeze,
but it doesn't matter how carefully we listen.
It is impossible to sing in tune

a un azzurro che non ha un volto.
So che ridi ma non so se sai perché
sono sempre tornato.

to a blue without a face.
I know you laugh but I don't know if you know why
I was always coming back.

ARKANSAS

*

Non chiedermi dove.
Quando da Venus svolti a nord ovest
e sei già verso Aurora
vedi una casa ma non so se esiste ancora.
Se la vedi non crederci è lei che ti vede.
Gli déi in Arkansas non hanno bisogno della tua fede
non hanno bisogno di te ma di un tempio.
Nel mio caso la chiesetta di Venus ad esempio
giù lungo la centoventisette gli dovette stare stretta.
E lo so già che detto ad alta voce è ridicolo
secondo me rimase mesi a valutare casa nostra
dalla foresta.
È una sensazione che ti prende
mentre aiuti a sparecchiare o lavi i piatti alla finestra
o quando dal divano sbirci fuori nel buio assoluto
appena prima che tua moglie tiri le tende.
Lavoro duro torno un giorno al mese
ed ogni volta il bosco sul retro sembra cresciuto.
Toglie al giardino un centimetro al giorno.
Una volta mi trovo seduto sul gradino
ho litigato con mia moglie
la vedo un giorno al mese
ma non ne vuol sapere di fare l'amore.
Sta in piedi e guarda nell'erba
così gialla e così alta
che di contrasto al buio di quegli alberi
ormai fa impressione.
Mia moglie dice che non ci sono mai
che la casa sta andando in malora.

ARKANSAS

*

Don't ask me where.
When from Venus you turn northwest
and almost made it to Aurora,
you'll see a house. But I don't know if it's still there.
If you see it, don't fall for it; she sees you.
There are gods in Arkansas you don't need to believe in;
they need a temple, not you.
In my case, this god would have thought
that little church down 127 in Venus was a tight squeeze.
And I know how ridiculous it sounds
when I say it out loud,
but I think it must have taken months,
this sizing up our house from the forest.
It takes the breath away
while helping clear the table or washing dishes at the window,
or when peeking over the sofa into the absolute dark
just before my wife would close the blinds.
I work hard, would come home one day a month,
and every time it felt like the forest out back had grown.
It stole from the garden, an inch at a time
taking advantage of my not watching.
One day I found myself sitting on the backdoor steps.
My wife and I were fighting.
I'd see her only once a month,
but she wouldn't hear about making love.
She stood there staring at the grass,
so yellow and so tall
set against the dark of the trees
till it was just too much.

Cerco una scusa vedo il cane che corre felice
soltanto la testa gli sbuca dal giallo
dico *L'erba non è poi così terribile.* Lo chiamo.
Lui si volta dall'altra parte forse annusa qualcosa
poi senza un suono si lancia a perdifiato
e scompare nel fitto del fogliame.
Dopo il divorzio ne ho parlato con il prete
dice che il motivo per cui il cane se ne è andato
il buio che vedevo al di là del prato
era la mia mancanza di fede
e inoltre aggiunge che in Arkansas
abbiamo poca terra consacrata.
Anche se adesso dico il credo non mi tolgo
dalla testa quel terrore
quando ho vicino il fuori o una finestra.
Un giorno ho fatto un incubo terribile
ho dentro il cuore una felicità incredibile
poi l'erba gialla un attimo e so tutto.
Sono il mio cane sento il mio richiamo
tutto si spegne e odio
odio persino la mia voce che mi chiama.
Non ringhio non abbaio
e corro corro corro verso il buio.

My wife said I'm never home
and the place was going to hell.
I looked for excuses, saw the dog run happy,
only his head above the yellow.
The grass isn't so bad, I said. I called him.
He turned away from me, maybe smelling something,
then dashed breathlessly without a sound,
disappearing into the thick background.
After the divorce I told the priest,
and he said the reason the dog never came back
and the reason for the dark I saw across the lawn
was my lack of faith
and also said we have too little
consecrated land in Arkansas.
Even if now I say I believe,
I can't shake that terror
when the outside is near, even by a window.
One day I had a terrible nightmare:
an incredible joy inside
and then the yellow grass.
One moment, and I knew it all.
I am my own dog. I hear me call,
everything turns off and I hate,
I hate even my voice calling me.
I don't growl, and I don't bark,
and I dash and dash and dash toward the dark.

ILLINOIS

*

Una volta
quando i fiumi rimavano
con parole come dare e portare,
Cairo era lungi dall'essere una città fantasma.
Quando ero bambino
passavo ore sull'argine
sulla punta più a sud del paese
guardando rapito
l'Ohio e il Mississipi
le loro immense masse d'acqua
diventare una.
Non sapevo ancora cosa fosse un affluente,
e quando lo imparai
lo trovai alquanto arbitrario.
Avrebbero dovuto rinominare entrambi,
o ancora meglio, avrebbero dovuto semplicemente lasciarli stare!
Nessun nome in assoluto!
Non sono sicuro perché al tempo
gridai quelle parole
contro quelle parole sulla parete della mia classe.
Credo mi stessi chiedendo:
come può del gesso su una lavagna
essere più vero di ciò che vedo?

Era vietato salire sull'argine.
I vecchi per farci paura
ci parlavano dell'Annegato.
Negli occhi mi era cresciuta l'immagine
di un animale immenso fatto d'acqua

ILLINOIS

*

Once upon a time
when rivers still used to be synonymous
with the language of give and take,
Cairo was far from being a ghost town.
When I was a child
I would spend hours on the banks
at the southmost edge of the city
watching, transfixed,
the Ohio and the Mississippi,
their two immense waters
become one.
I didn't know then what a tributary was,
and when I learned
I found it all too arbitrary.
They should have renamed both,
or better just let them be!
No name at all!
I'm not sure why at the time
I shouted these words
against those words on my classroom wall.
I suppose I wondered
how can some chalk on a blackboard
be more keen than what I'd seen?

Climbing on the embankment was forbidden.
To frighten us, the elders used to talk
of the Drowner.
In our eyes blossomed the image
of an immense beast made of water,

che si appiatta e respira e si tende in agguato.
Ricordo in chiesa quei tre vecchi sussurrare
gli occhi spalancati come stessero urlando
gesticolare a strappi sotto un angelo di marmo nero
dagli occhi chiusi torreggiante su di loro
come l'ombra solida del loro pensiero.

La prima volta l'odio mi ammanetta all'angolo
tra la terza e Commercial Avenue
e mi sbatte sul cofano di una volante.
La seconda volta sono io che piango
e mi tengo al lavandino bianco
come a un volante che non sterza
i miei polsi cerchiati di rosso
come avessero un marchio.

Da ragazzini per pescare dovevamo camminare
due miglia su per Commercial Avenue
ci lasciavamo sulla destra le cisterne
dell'Illinois American Water
facendo i funamboli sugli scheletri dei binari
e infine una strada sterrata senza nome.
L'argine finiva poco prima di Cairo
e delle baracche in rovina di Future City.
E il fiume Ohio
che dietro al muro era le spire di un drago
qui invece ci aspettava nell'ansa
placido come un lago.
Ricordo la mia infanzia come un sogno lucido
la paura e il gioco perdersi l'una nell'altro
come quel muro finire

who flattens and breathes and lurks.
I remember seeing three old men whispering in church:
but eyes wide open as if they were screaming,
gesturing wildly under a black marble angel
with closed eyes towering over them
like the solid shadow of their thinking.

The first time hatred handcuffed me was at the corner
of Commercial Avenue and Third
where it slammed me on the hood of a cop car.
The second time it was me crying,
holding onto a white sink
like a steering wheel that doesn't steer,
my wrists branded red from the cuffs.

When we were little kids gone fishing
and had to walk two miles up Commercial Avenue,
we would pass right by the cisterns
of Illinois-American Water
walking the tightrope of the spines of the tracks,
and finally a country road without a name.
The embankment ended just before Cairo
and the ruined shacks of Future City.
And the Ohio River behind that wall
was the restless coils of a giant snake,
though he waited for us here at the riverbend
calm as a lake.
I remember my childhood as a lucid dream,
the fear and the game losing themselves in each other,
how that wall used to end
and begin within one kingdom.

e iniziare in un unico regno.

E non dire che Cairo è un segno dei tempi
se così è stato da sempre e non importa
se credi di sapere di cosa hai bisogno.
E non importa se credi o non credi
ogni parola di paura è profezia.
Diavolo! Nei bar senza saperlo era tutta un omelia.
Diavolo! Citavamo a volontà l'Apocalisse di Giovanni
e l'Antico Testamento senza saperlo.
Di volta in volta si usavano immagini
come "rise" *sollevarci* o "wipe out" *spazzare via*
come *piena sudiciume contro cui innalzare argini*
come *prenderci la terra che ci avevano negato*.
Parlavamo come in noi parlasse il fiume
e l'Annegato.

And don't say that Cairo is a sign of the times.
It's always been this way, and it doesn't matter
if you think you know what you need.
And it doesn't matter if you believe or not.
Every fearful word is prophecy.
Hell! We preached in bars all the time without even knowing.
Hell! We would even quote the Apocalypse of John
and the Old Testament oblivious of it.
From time to time we used metaphors
like *rise* (*sollevarci*)or *wipe-out (spazzare via)*
like *the flood of filth against which we built walls*
like *to take for ourselves the land we'd been denied.*
We used to speak like they'd spoken from within: both the river
and the Drowner.

OHIO

*

Attraversare I – John Rankin, Underground Railroad, XIX secolo

John Rankin pastore presbiteriano
sono la casa al di là del fiume Ohio.
Mi staglio in cima alla collina
visibile fin giù nelle campagne del Kentucky.
Gli schiavi ci vedono come la luce
di un faro elevati
lontano lontano. Una favola
che ci si scambia alzando gli occhi ma non si dice.
Ed io e la mia famiglia preghiamo
e un giorno felice uno di loro si sveglia disperato
il cuore stretto in quella favola
come una roccia che scricchiola
nel pugno di una radice.

OHIO

*

Crossing II – John Rankin, Underground Railroad, XIX century

John Rankin, Presbyterian pastor,
that's my house across the Ohio River
standing out on the hilltop
visible all the way down into the landscape of Kentucky.
The slaves see us like a city on a hill
or a lighthouse elevated
far, far away. A fairy tale
they tell each other, lifting
their eyes but not their words.
As for my family, we pray.
And one happy day one of them wakes up despairing,
his heart strained by that tale
like a rock that is creaking
in the fist of a root.

NEW HAMPSHIRE

*

La scultura naturale di un volto di un vecchio gigante visibile sul ciglio del Mountain Cannon, uno dei monti che dominano la Franconia Notch, fu riportata per la prima volta nel 1805. Il volto appariva miracolosamente sospeso e tenuto insieme in un fragile equilibrio di granito e gravità.
Il volto divenne presto il simbolo dello Stato del New Hampshire. Il volto si sgretolò e collassò nella vallata sottostante precisamente tra la mezzanotte e le due antimeridiane del 3 maggio del 2003.

Non venni in America per cercare fortuna
o mettere su famiglia.
La fortuna non esiste e nessuna ragazza nessuna
avrebbe mai potuto darmi la meraviglia
lo stupore incrollabile di quando
guardo negli occhi la natura
e lei mi guarda di rimando
e mi libera lo sguardo
dall'illusione sempre piena di paura
di ciò che credo di stare cercando.

Voglio poter credere ai miei occhi
non come a specchi
ma veli di vetro soffiato
contro i quali la mia anima
possa aprire il suo palmo
e dall'altra parte il mondo nitrisca il suo fiato
appoggi il muso calmo
rannidi le sue ali.

Io e i miei compagni ci volgemmo a Cannon Mountain verso sud

NEW HAMPSHIRE

*

The natural sculpture of the face of an old giant, visible on the edge of Cannon Mountain (one of the major mountains of Franconia Notch) was first reported in 1805. The face appeared miraculously suspended and held together in a fragile balance of granite and gravity.
It soon became the symbol of the state of New Hampshire. The Old Man of the Mountain crumbled and collapsed into the valley below some time between midnight and two a.m. on May 3, 2003.

I didn't come to America to try my luck
or start a family here.
I don't believe in luck, and neither is there a girl so dear
who could ever leave me dumbstruck
with the same unshakable awe as when
I look into nature's eyes
and she looks back at me again
and she frees my gaze
from the ever-cowardly delusion
of what I think I'm looking for.

I want to be able to believe my eyes
not the way a mirror might fool
but rather blown glass veils
against which my soul
might open its palm,
while on the other side the world might neigh her breath,
rest her muzzle,
nestle her wings.

My companions and I turned south toward Cannon Mountain,

scansionandone la cima.
Prima di quel momento un'espressione come
muso del mondo
tradiva solo la mia fame di incarnazione.
Ma in cima a Cannon Mountain c'era un mento
e sopracciglia zigomi
altro che lo specchio di un'illusione!
si sporgeva verso est con nel volto
la meraviglia di un vecchio
settantaduemila tonnellate di granito
scolpite e sospese nell'aria dal tempo.

Certo il mondo smise di essere il mio specchio
ma neppure mi guardò di rimando.
In quel gigante la natura
guardava a oriente quasi avesse l'ansia
di mancare anche un'alba soltanto.
Tremai alle sue parole, ai suoi perchè:

Ti porto la più alta testimonianza
perciò non ti guardo in volto ma a oriente
controcorrente alla tua migrazione.
Quale miracolo vorresti nei tuoi occhi aperti?
Perché l'eterno chiama per riaverti
e in molti gli sputano in faccia
il nome di miraggio soltanto
perché hanno perso il coraggio
di restare in ciò che sono e non sanno.
Sono di granito eppure anch'io sono chiamato e mi sgretolo
e frano un tre maggio senza dare spettacolo
nel cuore della notte del tuo ventunesimo secolo.

surveying the peak.
Before that moment an expression like
"the face of the earth"
would only cheat my hunger for incarnation.
But at the top of Cannon Mountain
there was a chin and eyebrows, cheekbones,
nothing further from the mirror of my delusion!
He was looking east,
the wonder of an old man,
seventy-two thousand tons of granite
carved and suspended in the air by time.

Of course the world no longer was my mirror,
but he didn't look back at me either.
The nature of that giant
was to look east almost as if he were afraid only
to miss a single dawn.
I trembled at his words:

I bear for you the highest testimony
therefore I do not look you in the face but east
away from your migration west.
What miracle would you like before your very eyes?
Because the Eternal calls you back
Yet many spit in his face,
calling him merely a mirage
because they do not have what it takes
to rest in what they are and do not even know.
Though I am made of granite, I have a calling too, and I will break
and landslide, on some third of May without some grand display
in the middle of the night in your twenty-first century.

Piccolo uomo non avere
paura di sbagliare.
Se non c'è niente di nuovo sotto il sole
perché il tuo cuore continua a sperare?
C'è l'ora dell'occhio come specchio
e l'ora dell'occhio come vetro soffiato
in cui senti sulla mano appena il tocco del fiato
e il palmo non è ancora colmo di una presenza
ma non senti che ancora
non desideri abbastanza?
Ogni ora prepara la tua giovinezza
a sfinire nella mia vecchiaia e viceversa
a un'ora come questa di pura affluenza
in cui il tempo trasfigura
non dura e non finisce
e il desiderio affluisce alla pietra e all'aria.

Little man, you must not be
afraid of failing.
If there is nothing new under the sun
why does your heart keep waiting?
There is an hour of the eye as a mirror, and
an hour of the eye like blown glass
when you feel the touch of my breath on your hand,
and your palm is not yet full of a presence,
but can't you sense
that you haven't wished far enough?
Every hour prepares your youth
to wear out into my old age and vice versa,
into an hour like this, one of pure convergence
when time transfigures,
unenduring and forever,
and desire flows into stone and air.

MAINE

*

Gully Oven Hollow (West Lebanon, Maine) 1982. Il violinista è Arve Tellefsen

Estate inoltrata finestrino abbassato
quella nota acuta di violino
trapassa l'auto da parte a parte
come se qualcuno ci avesse sparato dentro
col mirino un colpo di avvertimento.
Intorno a noi soltanto i pini
di Gully Oven Park.
È agosto ma dei grilli
di cui prima era pieno il mattino neanche l'ombra.
Mio padre accosta ed apre la portiera
cauto come ha fatto la mattina
quando dalla strada vide l'orma
di un esemplare enorme l'orsa nera
che ora giace morta sul rimorchio.
La bracchiamo per un'ora.
Impronta per impronta
il cuore in gola e tra le mani il Marlin ventidue
con l'ottica pronta.
Prima di sparare dice in un sussurro
Non ti spaventare del suo urlo
anzi forse è meglio che ti tappi le orecchie.
Ma voglio provargli che sono un uomo.
Gli dico *non ce n'è bisogno*
ma papà mi conosce e conosce quel suono.
Lo sa che sono coraggioso
ma anche che da sempre

MAINE

*

Gully Oven Hollow (West Lebanon, Maine) 1982. The fiddler is Arve Tellef-sen.

Late summer, window down,
that violin's high note
pierces the car through the open window
as if a sniper had fired a warning shot through it.
Around us only the pines
of Gully Oven Park.
It's August but there is no trace of the crickets
whose voices were crowding the air just a moment ago.
My father pulls over and opens the door,
cautious as he did in the morning
when he saw that footprint on the street,
a huge specimen, the black bear
who now lies dead on the trailer.
It took an hour to hunt her down.
One footprint at a time,
my heart in my throat and the rifle in my hands
with the gunsight ready.
Before shooting he whispers
Don't be afraid of her scream,
in fact, maybe it's better if you plug your ears.
I want to prove to him that I'm a man,
but dad knows me and knows that sound.
He knows I'm brave
but also that from the day I was born
I have lived on the edge of a dreamworld
that he doesn't understand.

vivo al confine con un sogno
che lui non comprende.
Spara.

L'orso quando urla parla la nostra lingua
sembra non riesca a dire una parola soltanto
per il troppo sangue che gli sfiotta dal polmone.

Papà abbraccia il suo trofeo da sotto il mento
le tiene la faccia rivolta verso l'alto
e lei mi fissa con pupille senza bianco né iridi
nere quasi il buio assoluto avesse un volto.

Adesso ci troviamo a camminare in un bosco di pini
sulle tracce di un violino
non credo l'abbia fatto apposta ma mi accorgo
che papà ha portato il marlin col mirino
come gli stesse dando la caccia.
Non so mio padre come faccia
a non ricordarsi ma per me è come fosse ieri.
Ricordo l'assenza di qualsiasi altro suono
il caldo le api le zanzare
i grilli le cicale il vento nel fogliame
tutto era sospeso e tutto era terribile e buono.
Due minuti e intravedo
uno spiazzo nel cuore del bosco.
Una donna per ogni bambino
seduti sul bordo di qualcosa guardano in basso
nel posto in cui suona il violino.
Mio padre perde interesse
o forse ha paura perché non capisce

He takes the shot.

When she screams, the bear speaks our tongue,
though it seems she can't say a word
because too much blood floods her lung.

Dad holds his trophy from under her chin,
and he keeps her face turned up.
With her whiteless, irisless pupils, she stares me down
so black… as if absolute darkness had a face.

Now we find ourselves walking through a pine forest
tracking down a violin.
I don't think Dad did it on purpose but I notice
he has brought his rifle with the scope
as if he were chasing it down.
I don't know how my father can't recall,
but to me it feels like yesterday.
I remember the absence of any other sound,
the heat, the bees, the mosquitoes,
the crickets, the cicadas, the wind in the foliage,
everything stopped, and the forest felt terribly good.
Two minutes later I glimpse
a clearing in the heart of the woods.
A woman for every child,
they are sitting on the edge of something,
looking down at where the violin plays.
My father doesn't care,
or maybe he's afraid because he doesn't understand
so walks away, but I do not.
He calls to me, and I don't care.

e torna sui suoi passi
io invece mi avvicino.
Lui mi chiama. Non rispondo.
Voglio vedere cosa guarda quella gente.
E quando arrivo al bordo guardo in basso
e vedo un biondo come biondi
non ne ho mai visti ed è probabilmente
il sole che raduna in quella cavità
proprio al centro dello spiazzo
come in un pozzo.
Sono lì tutti gli insetti assenti dalla foresta
ronzano e svolazzavano lucenti a centinaia
intorno al violinista.
Non sono ancora mai riuscito a spiegare
l'incanto e il terrore di quella vista.
Sei un pazzo che vuole darsela a gambe
che come un pazzo resta.
Quell'uomo era il bosco in cui stava suonando
ma più di come possa un albero o un fiume o un orso
era il centro di quel posto era un nume
era il dove il quando.
Sono stato testimone di una cosa
che nemmeno mio padre poteva insegnarmi.
Non puoi dare la caccia a questa vista
chiara come il sole.
Se questo tipo di coraggio è un sogno
non voglio svegliarmi.

I want to see what they are looking at.
When I get to the edge I look yonder
and I see a blond man blonder
than I've ever seen, and it likely is
the sun gathering in that emptiness
smack in the middle of the clearing
as if in a well.
All the insects missing from the forest are there,
hundreds buzzing and fluttering bright
around the fiddler.
I have never been able to explain
the spell and terror of that sight.
You are a fool who wants to run away,
and like a fool you stay.
That man was the wood he was playing in,
but more than a tree or a river or a bear could,
he was the center of that place, he was a god,
he was the where, the when.
I witnessed something
not even my father could make me
learn. You can't hunt this vision
as clear as the sun.
If this type of courage is a dream
don't ever wake me.

WASHINGTON

*

Gary Ridgway – The Green River Killer, uno dei più noti serial killer nella storia degli Stati Uniti

Wendy Lee Coffield
Colpevole
Gisele Ann Lovvorn
Colpevole
Debra Lynn Bonner
Colpevole
Ma non ricordo i volti
legati a questi suoni
in realtà non ascolto
i miei *colpevole* non sono confessioni
Marcia Fay Chapman
Colpevole
Cynthia Jean Hinds
Colpevole
Mentre lo dico ho flash di nuvole
che sorvolano veloci pelle bianca di una di loro
e danno a quella riva e a quella pelle
una luce di fondale di luna poi oro
il corpo è all'aria aperta eppure ho l'impressione
che sia dietro a un vetro smerigliato
non so chi sia di voi ma la ricordo ancora calda
il sollievo dopo averla soffocata e violentata
il corpo affondato che risalta
come un rilievo inciso in fondo all'erba alta.
Morta così saresti stata
lì anche la prossima volta.

WASHINGTON

*

Gary Ridgway – The Green River Killer, one of the most infamous serial killers in the history of the United States

Wendy Lee Coffield
Guilty
Gisele Ann Lovvorn
Guilty
Debra Lynn Bonner
Guilty
But I don't remember the faces
related to the sound of these names.
Anyway, I don't really listen.
My *guilty* is no confession.
Marcia Fay Chapman
Guilty
Cynthia Jean Hinds
Guilty,
As I say that word, flashes of cloud
dash quickly over the white skin of one,
and they give to that shore and that skin
a kind of light through water, of moon, then gold.
The corpse is in the open air and yet I have the impression
it is behind a frosted glass.
I don't know which of you is this one here,
but I remember her being warm
and my relief after choking and then raping her.
The sunken corpse is borne
like a relief engraved among the tall grass.
Dead, you will be there,

Adesso sei debole
come sei sempre stata.
Opal Charmaine Mills
Colpevole
Terry Rene Milligan
Colpevole
Chissenefrega della faccia
chi è questa? L'ansa di Riverview Park?
È lei quella tra le due negre
che ho farcito di pietre? Il suo braccio
sembrava salutasse o cercasse di nuotare
a dorso nella corrente.
Mary Bridget Meehan

Mary Bridget Meehan

Mary Bridget Meehan

O è quella che dopo averla strangolata
ho incappucciato e messo a mani giunte
tra le mani una bottiglia vino rosso
e un pesce decomposto
per chissà che cristiano rituale?
Dal terrore non si esce.
Non ci si può abituare.
Mary Bridget Meehan!
Ehmmm colpevole colpevole vostro onore.
L'onore è tutto vostro
di poter guardare in faccia l'orrore.
Ed è tutta vostra l'illusione
di sbatterlo in prigione.

the next time still.
Now you are weak, still
as you ever were.
Opal Charmaine Mills
Guilty
Terry Rene Milligan
Guilty
Who cares about the face? The river
bend at Riverview Park? Who is this?
Is she one of those two niggers
whose belly I stuffed with stones? Her arm
seemed to wave goodbye as her carcass swam
the backstroke downstream.
Mary Bridget Meehan

Mary Bridget Meehan

Mary Bridget Meehan

Or is she the one whom, after strangling,
I hooded, whose hands I tied
to hold a bottle of red wine
and a dead fish, angling
for who knows what Christian rite?
From terror you can't hide.
It's new each time.
Mary Bridget Meehan!
Ehmmm guilty, guilty your honor.
The honor is all yours
to be able to look in the face this horror.
And it's yours, this illusion

Potendovi giocare la carta della pena capitale
avete il coltello dalla parte del manico.
L'avete fatta troppo semplice
mi chiedete solamente di gettare qualche lume
sulla posizione di altre puttane giù al fiume.
Se solo capiste quanto reale sia il mio complice
quante volte quella valle mi abbia coperto le spalle.
Green River Killer, mi avete dato voi questo nome
ratificando il fatto che le acque
hanno scelto il proprio nume
ben prima di un certo cadavere
ben prima del vostro ennesimo ritrovamento.
Cosa credete di fare
quando date nome a uno spirito immondo
o mettete a secondo battesimo un essere umano
dopo che incarna l'orrore.
Ciò che prima era immenso immenso rimane
come fate a non sapere ancora
che dare un nome non chiude il senso ma accresce
la sua natura immane di sprigione.
Perché offrite così tanto fianco
parole tempo sprecato al male?
Più di vent'anni per sbattermi in prigione
e alla fine più di tutti ho meritato quel fiume
in me per sempre si riassume e scorre mai stanco.
Ho agito come fossi un dio
e mi avete dato ragione.

to think you can lock him up in prison.
Having the edge, the upper hand,
you have the power to play the death penalty card.
You made it too easy, it's not hard,
just asking me to throw some light
on where I left the other whores down by the river.
How real my accomplice is. If only you could understand
this valley's had my back forever.
You gave me this name: The Green River Killer:
justifying the fact that this water
had chosen its own god
well before any proven body,
well before your finding yet another.
What do you think you accomplish
when you call an unclean spirit by name,
or when you baptize a human for a second time
after the horror has found its flesh?
What was once immense immense remains.
How can you not know to this very hour
that by naming you don't shut down what it means
but you release the nature, the power.
Why do you waste your breath
and time on evil?
More than twenty years it took to throw me into prison,
and in the end it is I who deserved that river most of all.
Forever, in me, it flows and runs roughshod.
I acted as if I were a god,
and you embraced my vision.

NEW YORK

*

Il banco di nubi non arriva a coprire l'orizzonte.
Lei cammina nel piovigginare giù per Forsyth street
dove la strada curva parallela al Manhatthan bridge.
Lei passa accanto alla chiesa ortodossa di Santa Barbara
al centro del rosso fondale che è Chinatown a capodanno.
Non penso ci sia un angolo di mondo
dove le cose siano più confuse e chiare.

La sua parrucca rossa lunghissima
ad ogni passo riverbera la luminaria
della festa dell'anno del maiale
tendendosi in basso come una fiamma al contrario.
Se mi metto nei suoi panni queste insegne
sono tutt'un ideogramma incomprensibile.
Si ferma di botto guarda in alto
nella pioggia leggera che la strucca insieme alle sue lacrime
come se qualcuno le stesse tirando la parrucca
e lei stesse cercando di salvare il salvabile.
E resta lì a farsi prendere a spallate dai passanti
colpi di zaino fianchi un mazzo di rose
pizze ad asporto venditori ambulanti
e ad ogni tocco piange
e dà in un gemito di orgasmo.
Ne ho viste di cose davanti al mio ristorante.
Arrivo al colmo solo quando un paio di arrapati adolescenti
comincia a toccarla con troppo entusiasmo.
La prendo piano per un braccio
e non ve lo nascondo
quando geme la ragazza suona molto convincente.

NEW YORK

*

The storm front hasn't quite covered the horizon.
She walks in a drizzling rain down Forsyth
where the street turns parallel with the Manhattan bridge.
She is now walking by the Orthodox church of Saint Barbara
on the red-lanterned happy-new-year backdrop of Chinatown.
I don't think there is a corner of this world
where things might be more confused and illuminated.

Her red wig is long and
the luminaria shimmer on her every step
through the year-of-the-pig celebration,
a flame flickering upside down.
If I put myself in her shoes these shop signs
are all one big incomprehensible ideogram.
She stops in her tracks and looks up,
her tears and the drizzle melting her make up
as if someone were pulling her wig from behind
and she were trying to save what's savable.
And she stays there, bumped by passers-by,
shoulders, back-packs, hips, a bouquet of roses,
take-away pizzas, salesmen, vendors,
and she cries and moans at every touch
as if she's in the throes of ecstasy.
I think I've seen it all outside my restaurant.
I've had enough when a group of horny kids
start touching her a bit too much.
I take her gently by the arm.
I won't lie to you
the lady here moans with authentic charm.

La porto nel ristorante le do una tazza di tè caldo
Ha fame? Vuole un involtino d'uovo? le domando.
Le mani giunte intorno al tè mi risponde
con una voce di uomo piangendo:
Sono innamorata pazza
vorrei che tutte queste persone fossero uno solo
ma non ricordo il suo nome.

I take her into the restaurant, and I give her a cup of tea.
You hungry? Want an egg roll? I ask.
Her hands around her cup, she answers
in a man's voice, crying:
I'm crazy in love.
If all these people could be just one,
but I can't remember his name.

MISSISSIPPI

*

Roma, Trastevere – Jazz Session

God bless America
Disse il chitarrista nero
guardando dal palco.
Doveva avere un'armonica alle labbra
perché la voce come il canto di un uccello
gli si perdeva in note strappate.
Ho bisogno che ascoltiate
e che ascoltiate bene.
Quando dico God Bless America
non ho in mente le città in cui andate d'estate
o in luna di miele.
Vedo come in volo un delta immenso
come linee sopra il palmo di un titano.
Poi ragazze incinte da lontano
appoggiarsi a uno steccato
nel profondo Mississippi
in un'afa da togliere il fiato.
L'anima fradicia e senza confine
come le nostre risaie
ci diventava una risata strafottente
immortale senza nome.
Fece una pausa.
Prima che tornasse a raccontare
il Tevere suonava appena
come il tartagliare di un torrente.
A un tiro di sasso il Missisipi il Fiume
più ampio del mondo la corda vocale

MISSISSIPPI

*

Rome, Trastevere neighborhood – a jazz musician speaking

God bless America
said the black guitar player
looking down from the stage.
He must have had a harmonica at his lips
because his voice was like a strange bird song
losing itself among the shredded notes.
I need you to listen,
and listen up.
When I say God Bless America
I don't mean the cities where you go on vacation
or on your honeymoon.
From overhead, I see an immense delta like lines
on the palm of a titan.
Then from far away, I see pregnant teens
leaning over a fence
in deep Mississippi,
in a heat that would take your breath away.
Our souls, as drenched and without end
as our fields of rice,
become a laughter, arrogant
and immortal, without a name.
He paused.
And before he spoke again,
the Tiber could hardly be heard,
stuttering like a creek.
The Mississippi is a stone's throw from me.
The world's largest vocal chord

di Dio che riposa e sazia la sua fame con il blues
perché il tempio non ha muri è nella carne
nel segno composto
dalle lunghe cicatrici parallele della frusta
tanto dolore che la mente non sa che farne
se sia un marchio incandescente come fossimo bestiame
o il graffio di un artiglio il tentativo disperato che la bestia
fa sugli eletti dopo l'amen
prima della grande festa.

is God's, who rests and satisfies his hunger with our blues,
because his temple has no walls, it's in the flesh,
in the sign slashed
by the long, parallel scars of the lash,
so much pain that the mind doesn't know what to do with it,
whether it is a burning brand like we were cattle
or the scratch of a claw, the desperate assault that the beast
perpetrates onto the chosen after the amen
but right before the great feast.

MINNESOTA

*

Cloquet – 12 Ottobre 1918

In pieno autunno
un mese avanti all'armistizio mondiale
verso mezzogiorno
il sole sembra venirci incontro.
È grande troppo grande e arancione
le case e la terra sono calde
vedo l'aria sopra gli alberi tremare.
Mi scuserete se non riesco
più a parlare al presente.

Le donne facevano domande
e gli uomini parlavano del vento.
La strada divideva la foresta
e lì dove toccava l'orizzonte
la vidi arrossarsi ad occidente
come al tramonto.
Un mese prima della fine della guerra
fummo testimoni della fine del mondo.
Dio si chinava per spiegarci l'espressione
come in cielo così in terra.
Chi scappava verso i pozzi o i torrenti.
Chi con gli occhi sbarrati
continuava a lavare il bucato.
Chi era abbastanza fortunato
da possedere un'auto la riempiva di famiglie
per buttarsi con la macchina nel lago.
Chiunque sopravvisse

MINNESOTA

*

Cloquet – October 12th, 1918

In full-blown fall
one month before the armistice,
around midday
the sun seems to get closer.
So big and orange and monstrous,
and the houses and the earth are so hot
I see the air trembling above the trees.
Excuse me if I do not keep
on speaking in the present tense.

Women used to ask questions,
and men would talk about the wind.
The road cut through the forest,
and where it touched the horizon
I could see it redden in the west
as if it were sunset.
One month before the end of the War,
we bore witness to the end of the world.
God bent down to explain to us the words
on earth as it is in heaven.
Some ran toward wells or streams.
Some with eyes wide open
kept washing the laundry.
Some were lucky enough
to own a car, and they piled the family in
and drove the car into a lake.
Each survivor

racconta l'apocalisse alla sua maniera
un muro rosso semovente il fiato di un drago
mentre sei al volante
la sensazione di avere puntato sulla schiena
un desiderio animale mai pago.
Duemila miglia quadrate di territorio
divorate dall'incendio
centinaia di morti migliaia di feriti
molti dei quali sfigurati in volto
gli uomini rimasti senza casa o stipendio
fattorie fabbriche scuole
intere città rase al suolo.

Poi c'è la storia di chi crollò spossato
con sua moglie e i suoi bambini in un campo di patate
che aveva appena dissodato
e prima di svenire vide il fuoco aprirsi
abbracciare il campo e passare oltre.
La storia della ragazzina
che si sdraiava nel torrente a pancia sopra
occhi nel cielo ferma e finta morta
guardava le fiamme come braccia d'inferno
sorvolarla e tendersi all'altra sponda.
Ma vorrei raccontarvi il poco in più
che io soltanto so di noi e di questo fuoco
mia madre dice sempre *Il giorno dopo*
tutti fecero ritorno su una strada di cenere
verso nessun luogo.

Ma non è vero che il paese era vuoto.
Nel mio cuore la tristezza di mio padre

tells the apocalypse his own way:
the breath of a dragon, a self-propelled red wall.
While you are behind the wheel
you feel something breathing down your neck
with insatiable, animal desire.
Two thousand square miles of country
devoured by fire,
hundreds dead, thousands wounded,
so many faces disfigured,
men left homeless, jobless,
farms, factories, schools,
entire towns burned to the ground.

Then there is the story of the man who collapsed, exhausted,
with his wife and children in his potato field
that he had just turned over,
and just before passing out he saw the fire wrap
around the edge of the field and pass by.
The story of the little girl
lying belly-up in the stream, still,
pretending to be dead, eyes open to the sky,
she watched the flames like the arms of hell
swinging over and reaching out across the water.
But I would like to tell you just a little more
only *I* know about ourselves and the fire.
My mother always says: *The next day*
everybody walked back home on a road of cinders
toward nowhere.

But it's not true that the countryside was empty.
In my heart the sadness of my father

è così grande che non ci si crede.
Metto piede in questo grande quadrato
spazio aperto che prima era il nostro salotto
lo attraversa furtivo uno scoiattolo
al centro del pavimento trovo il mio orsacchiotto
appoggiato alle ruote di una carrozzina giocattolo
come mi stesse guardando
da una vetrina da esposizione.
Ha il pelo tutto bruciacchiato
il fuoco gli ha strappato i suoi due occhi di bottone
e pure quando lo risogno a sessant'anni
non ho bisogno di trovarlo per vederlo
ma per sentirmi guardato.

Giù in paese dicono che il vento
soffiando sulle fiamme a ottanta miglia all'ora
ha fatto la storia e che allo stesso tempo
ne ha anche cancellato ogni memoria.
Non mentono ma è pure troppo poco.
Non si dice altro perché abbiamo paura
che la pace sia più dura addirittura
dell'armistizio mondiale un mese dopo
e non si possa firmare
che non si possa fare amicizia con il fuoco
che il male non si possa fermare
e che non ci sia un'altra innocenza
se non quell'orsacchiotto cieco e senza tetto
che ci aspetta sotto il cielo
ma non dappertutto.
Al centro della nostra tristezza.

is so vast that you cannot fathom it.
I step into this big square
open space once our living room
where a squirrel sneaks by,
and right in the middle of the floor I see my teddy bear
leaning against the wheel of a doll stroller,
looking at me as if he were
in the window of some display.
His fur completely scorched,
his two button eyes gone, torched,
and even now when I reminisce at sixty,
I don't need to find him to see him
but to feel he's watching me.

The folks in town say the wind
feeding the flames at eighty miles an hour
made history and at the same time
erased all the memories.
They are not lying, but it's not enough.
We don't talk about it because we fear
that peace might be even harder than
the armistice signed a month later,
for this is something you can't sign.
And with fire it's impossible to make friends,
impossible to stop the terror,
and there is no innocence
except for that blind and homeless teddy bear
waiting for us under the sky,
but not just anywhere.
It's at the center of our sadness.

MASSACHUSSETS

*

Fred Boyce – Boston – Una delle vittima della Fernald School in Waltham, istituto costruito nel perseguimento della politica Eugenetica sostenuta dal governo degli Stati Uniti nella prima metà del novecento fino agli anni '60.

Credete di sapere cosa sia sentirsi soli?
Guardo la giostra dal chiosco
questi bambini a frotte entrare
dalla notte in questa tenda rotante di luce
c'è chi si volta o chi invece solo tende
la mano indietro con fede assoluta
di trovare chi la prende.
E un grande arriva puntuale
sicuro come un orologio.
Non ho bisogno di capire
il disagio taciturno del povero piccolo cristo
per il quale dal buio non emerge nessuno.
Ma sappiate che esiste di peggio. Io esisto.
Col cuore spezzato di quando ero bambino
puoi sognare solo la prigione delle cose che hai già visto.
Prima di andare a dormire
vorresti dire *Vattene* al tuo cuore *e non tornare*
domani finché non avrai… vorresti dire questo
e questo e questo ma cosa?
ti interrompi e ti addormenti piangendo
perché non sai che stai dicendo
quando dici *tornare domani* figuriamoci se sai
merenda le mani di una mamma
la leggera pressione che vedo sulla schiena del bambino
sulla giostra benché non stia cadendo mai.
Con Joe e gli altri demmo l'istituto alle fiamme.

MASSACHUSSETS

*

Boston. Fred Boyce. One of the victims of the Fernald School in Waltham, an institution built in pursuit of a eugenics policy supported by the United States government in the first half of the twentieth century until the 1960s.

Do you think you know what it feels like to be alone?
I watch the carousel from a kiosk.
These children coming in droves enter
from the night toward this rotating tent of light.
There are some who turn to look back, but others
who only reach with the absolute faith of a hand
to find someone who will take it.
And a grownup arrives
like clockwork every time.
I already understand
the shy anxiety of the poor little innocent
for whom nobody will come out of the dark.
But you know there is worse. Here I am.
With my heart broken when I was a child,
I could only dream of the prison of things already seen.
Before going to sleep
I would say *Run away* to my heart *and don't come back*
tomorrow until you have ... I meant to say this
and this and this, but what?
I would stop myself and fall asleep crying
because I didn't know what I was really saying
when I was saying *come back*, *tomorrow*, let alone
a snack, *the hands of my mother*,
or the slight pressure I see on that boy's back
on the carousel, although he would never fall.
With Joe and some others, we set the institute on fire.

Ma come fai a uscire da un'infanzia
dove quasi tutto il mondo è senza nome rabbia
ho diciannove anni quando esco da quel cazzo di portone.
Non sai leggere né scrivere né che senso abbia.
A malapena puoi sentire cosa senti.
Sapevo così poco
di quanto eravamo innocenti.

Ma una sera Joe mi viene a trovare
gli parlavo degli scherzi del destino
o meglio di perché con noi il destino
non abbia mai scherzato.
Come fa il tuo destino a scherzare
se è lo Stato.
Per scherzare devi avere una faccia
dico io lui ha il viso spezzato dalla luce
il lato destro scolpito dalle lampade
al bancone del tirassegno
l'altro nel buio.
Mi chiede *Ti ricordi il nome della cazzo di chiesa?*
I Santi Innocenti rispondo d'istinto come in sogno
non perché me lo ricordo.
Joe non dice altro non ce n'è bisogno
mi guarda e beve sorridendo aspetta che capisca
la battuta del destino
di quella solitudine che sempre abbiamo condiviso.
I santi non il santo gli dico
mi sento come un cieco cui abbiano reso la vista
ma perché ancora non basta?
Ti amo. Il destino ha il tuo volto amico
ma perché è ancora diviso? penso e gli sorrido
la metà sinistra del mio sorriso.

But how does one escape a childhood
where almost all the world is nameless rage?
I was nineteen when I walked out that fucking door.
I didn't know how to read or write, or what it meant.
I could barely feel what I felt.
We didn't know we were so innocent.

But one evening Joe comes to visit me.
I talk to him about the twists of fate,
or more precisely why fate
had never joked with us.
How can your fate make jokes
if destiny is the state?
I say, *To joke you have to have a face.*
Joe's face is cut by the lights,
the right side of it sculpted by the bulbs
from the dartboard booth.
The other side is in the dark.
He asks, *Remember the name of that fucking church?*
The Holy Innocents, I answer automatically as if in a dream,
not because I remember it.
Joe says nothing else, no need.
He drinks, looks at me smiling, waiting for me to get
fate's joke
about the loneliness we've always shared.
The innocents, not the innocent, I tell him.
I feel like a blind man whose sight has been restored,
but why is it still not enough?
I love you. Although fate may own your friendly face,
why is it still divided? I think, smiling
at him with the left half of my smile.

MISSOURI

*

Saint-Louis, Gateaway Arch – 2019

Ci aggiriamo di sera nei pressi del Gateaway Arch
Brad mi fa da video operatore
ed io intervisto le ragazze che incontriamo
le domande sono tutte del tipo
Hai un debole per la tartaruga addominale?
oppure *credi nell'animale guida?*
o *perché una tipa lascia il suo tipo?*
Esteticamente non c'è nessuno
più nella media del sottoscritto
eppure due sù quattro mi baciano sul posto
senza nemmeno curarsi di sapere
se sono io o qualcun altro a pagarmi l'affitto.
Stai zitto ammutolisciti
se ti iscrivi al mio canale youtube
ho sedici tecniche segrete che potrebbero aiutarti.
Il problema non sono le ragazze sei tu
che non hai delle mete.
E se non vuoi capire cosa accade in questi tempi
cosa accade nel mondo da vent'anni
meglio per te che ti fai prete.
Quand'ero adolescente le ragazze erano dee
per una avrei persino rinunciato alla mia vita
ma mi lasciò perché volevo fosse lei
a dissetare la mia sete.

Mettiti nei panni del Gateaway Arch
e ripeti con me

MISSOURI

*

Saint-Louis, Gateway Arch – 2019

We wander in the evening near the Gateway Arch.
Brad is my video guy,
and I interview the girls we meet.
My questions are something like this:
Do you have a weakness for six-packs abs?
or *Do you believe in spirit animals?*
or *Why does a woman leave her man?*
Judging by appearances, there is no one
more average than yours truly, yet
two out of four will kiss me on the spot
without even bothering to find out
whether it's me or someone else who pays my rent.

Shut up, just shut your face.
If you subscribe to my YouTube channel
there are sixteen secret techniques that could help you.
The problem is not the girls, it's you
who have no goals.
And if you don't want to know what's happened here
in the world for the last twenty years,
better for you to live a life of abstinence.
When I was a teen, girls were my God.
One of them, I would have even died for,
but she ditched me because I thought she was the only one
who could satisfy my thirst.

Pretend that you're the Gateway Arch

ma ripetilo solo se ci credi.
Sono un gigante alto seicento trenta piedi.
Sai perché ti faccio ste domande?
Bellezza sono così grande
che perché tu possa vedermi
devo abbassarmi al tuo livello mi inarco.
Missouri America e ogni altro confine
non vuole dire niente.
Con me finisce l'est e inizia l'occidente
sono come la soglia di un tempio
se mi giri intorno tutto ciò che non sai
resterà taciturno e tu resterai indifferente
al tuo passato e al tuo presente
a questo eterno ritorno
a ciò che ti aspetta un miglio più avanti
a tutto ciò che hai dietro e non puoi ricordarti
a tutto questo buio in pieno giorno.

and repeat with me,
but repeat it only if you believe:
I am a six hundred thirty foot tall giant.
Do you know why I ask you these questions?
Beauty, I'm so great
that for you to see me,
I've got to get down to your level, so I arch.
Missouri, America, or any other border
doesn't mean a thing.
With me, the east ends and the west begins,
I am like the threshold of a temple.
Everything you don't know, if you try to circumvent
me, will go silent, and you'll remain indifferent
to your past and present,
to this eternal tide,
to what awaits you a mile ahead, to all
you've left behind and can't recall,
and to all this darkness in broad daylight.

WEST VIRGINIA

*

La baracca è un osso mal sepolto dentro
la foresta del West Virginia.
In essa vivono lui e lei.
Così nero il pigmento della pelle
e il cavo delle loro bocche.
Le rughe agli angoli degli occhi
si irraggiano come lacrime controvento.
Chiare l'unica cosa chiara.
Angeli. Se ti guardano sembra
che ti guardino le loro anime
e che le anime trabocchino
e che il loro corpo sia solo un'ombra.

Parlo al presente ma li trovarono
sul bordo della statale
il trenta dicembre.
Non avevano telefono.
Lei si era sentita male.
Lui l'aveva caricata sulla schiena
i calcagni di lei conficcati nello stomaco.
Cadde dopo cento metri appena
nelle spire dell'aria glaciale
più strette a ogni respiro
forse cantandole una cantilena.
E restarono là
neri nel candore micidiale della tormenta
nel secondo in cui ci si addormenta
in cui le cose si confondono
e sembra di tornare alla partenza.

WEST VIRGINIA

*

The shack is like a bone half-buried
in the forest of West Virginia.
The two of them live there married.
How black the pigment of their skin
and the hollows of their mouths.
The wrinkles at the corners of their eyes
radiate like wind-struck tears.
Their clarity the only thing clear.
Angels. If they look at you it appears
their souls are looking at you,
and that their souls overflow,
and that these bodies of theirs are only shadow.

I speak in present tense, but they found them
on the shoulder of the highway
on the thirtieth of December.
They had no telephone.
She was feeling bad.
He lifted her onto his back,
her heels held fast to his stomach.
He fell after just a hundred meters,
out in the spinning gusts of icy air
circling tighter with every breath.
Maybe he sang her a song.
And they stayed there,
black in the snow-blind weather
as in the seconds when one drifts to sleep
where things get mixed together,
a chance to start all over.

Avevo lacrime ghiacciate sulle guance
negli occhi fuoco.
Era forse solo il pianto per la rigida violenza
con cui lei il suo corpo ormai vuoto
mi graffiava il mento con l'anello.
Forse l'aspra ora delle scritture
dove metti un piede in fallo
dove amore è tempo miserie paure
e nella pace si può soltanto cadere.
Come in un tranello.
Dove il leone bianco dell'inverno sta baciando
il mio corpo infermo che la tiene
e il suo volto nero di agnello.

I had icy tears running down my face,
fire in my eyes.
Maybe it was only my weeping for the rigid violence
by which she, her body empty now,
was scratching my chin with her wedding ring.
Perhaps it was the rough hour of the scriptures
where a foot slips,
where love is time, miseries, fears,
and into peace one can only collapse.
As into a trap.
Where the white lion of winter kisses
both my failing body that holds her own
and her face as black as a lamb.

MONTANA

*

La foschia affondò nelle grandi pianure boscose
come nell'erba l'acqua piovana.
E in alto le Montagne Rocciose
dalla prima alla cima più lontana
furono ghiaccio e pietra tramutati in rose
dall'alba che colse il Montana
prima di tutte le cose.

Le scritture non chiedono scrittore
solo un testimone.
Il sole è un lume che il senso si alza sugli occhi
quando niente esiste ancora in moltitudine
e lui per poco ancora va a ritocchi
per capire come dirci l'alfabeto
della propria solitudine.
La A di una montagna e la V di un abete
squarciato da un fulmine.
Le scritture non chiedono scrittore
solo un testimone.

Ma quando capita il tuo turno
chi darà testimonianza? E di cosa?
Di ogni tua azione?
Che ne sarà di quel segreto taciturno
la sua sciocca innamorata ostinazione.
Che ne sarà di sempre troppo poco amore.
Di quel corpo di donna che ti tocca
i suoi occhi belli e remoti come stelle.
Di un addio come la sola conseguenza necessaria.

MONTANA

*

The mist lowered into the great wooded plains
as within the grass the water from the rains.
And high up in the Rocky Mountains
from the first to their farthest peak the dawn
turned ice and stone
to roses and overtook Montana
before all else.

The scriptures don't ask for writers,
only for a witness.
The sun is a lantern that meaning lifts upon the eyes,
when nothing still exists in multiplicities,
and for this little while He still revises
to know how to say to us the letters
of His own loneliness.
The A of a mountain and the V of a fir
torn apart by lightning.
The scriptures don't ask for writers,
only for a witness.

At some point it will be your turn,
and who will testify? And of what fact?
About your every act?
What will become of that secret—taciturn
in its silly and stubborn love?
What will become of the eros, never enough,
of that woman you brushed against,
her eyes as beautiful but remote as stars,
and what of farewell as the only necessary consequence,

Di questo cuore che tambura sotto pelle
la sua metrica sicura e involontaria.

Non c'è altra scelta il mio vero testimone
deve venire dal Montana
avrà soffiato l'aria che respiro
dai propri polmoni

dai propri occhi la luce delle mie visioni
l'eclisse stellare di ogni notte
e ogni cosa che la vince
come i duri occhi d'oro della lince
e le sue vibrisse

dalla propria solitudine il tocco remoto
gli occhi scuri di quella donna

dalla propria gola la voce del Missouri
il ruggito-terremoto delle Grandi Cascate

se tutta la realtà la mia tristezza
sono un pensiero da sempre più vasto del mio pensiero
se è vero che esiste una pace così grande…

Smettila di pensare dice qualcuno con la mia voce
lo conosci troppo bene questo sciame di domande.
Sarai l'acero in autunno
quando ogni brezza è troppo forte ed ogni foglia è un amen
farò ritorno e nido nella tua solitudine
la mia curerà la tua fame
sarò il salmo del passero

and below your skin, what of the beat of your heart,
the sure, involuntary cadence?

No other choice, my witness
must come from Montana,
the air I breathe will have blown
from these lungs, his own,

from his own eyes: the light of my visions
of every night's stellar eclipse
and all the things which top that
like the hard golden eyes of the bobcat
and its whiskers,

from the remote touch of his loneliness—
the dark eyes of that woman,

from his throat the Missouri River's tongue
and the Great Falls earth-shaking song.

If all reality and my sadness
are a thought ever greater than my thoughts,
if it's true that such a peace exists...

Stop thinking, says someone with my voice,
You know this swarm of questions all too well.
You'll be the maple tree in fall.
When every breeze is far too strong and every leaf is an amen,
I will return and build a nest within your solitude.
My hunger will cure your own.
I will be the sparrow's psalm

che bacia a schiocco moltitudini di sì
nello stormire calmo del tuo fogliame.

who with a multitude of yesses snap-kisses the air
among your leaves and rustling calm.

UTAH

*

Da East Canyon Road
verso le quattro case di Mayfield.
Il vento ulula m'insegue e mi raggiunge
mi strofina il muso sui palmi
ed io apro le dita.
Sono io che lo sguinzaglio su Arapien Valley?
Non sono io? Non importa.
Quello che conta è la landa selvaggia che lascio alle spalle
e che non vedo più la vita sotto forma di risposta
o di domanda che niente fa paura o mi incoraggia.
Avrò il potere di guarire gli infermi o forse no
l'unica cosa che conta
è che tutto è qui e il cuore mi brucia
fisso e pulsante come una stella
ed il linguaggio che ho imparato da bambino
a stento parla più di questa terra.
Lasciate che vi spieghi cos'è una preghiera:
più tengo gli occhi su una cosa
più diventa vera
resta ferma eppure sboccia come una rosa
e io divento buono.
Credete che non abbia mai avuto un dubbio
che non mi sia chiesto chi sono?
Per questo sono andato nel deserto
mi sono esposto all'aquila e al nibbio
al serpente a sonagli agli avvoltoi.
Per giorni sono stato una qualsiasi
delle loro prede.
Voi? Cosa siete disposti a fare

UTAH

*

From East Canyon Road
to the few houses of Mayfield,
the wind howls, chases me, reaches me,
and rubs his muzzle on my palms,
so I open my fingers.
Is it me unleashing it on Arapien Valley?
Not me? No matter.
What matters is the wilderness I leave behind,
and that I no longer see life as answer
or question, and nothing scares me or makes me brave.
Will I have the power to heal or not?
The only thing that matters is
that everything's here, and my heart burns,
fixed and flickering like a star,
and the language I learned as a child
hardly speaks of this land anymore.
Let me explain what a prayer is:
the longer I keep my eyes composed
on a thing the more real it becomes,
stands still. Yet it blossoms like a rose,
and I become good.
Do you believe I never had a doubt,
that I never wondered who I was?
And this is why I wandered in the desert
and exposed myself to the eagle and the kite,
to the rattlesnake, the vultures.
For days I was like any
of their prey.
All of you? What would you do

per capire la vostra sete?
Forza sciorinatemi ancora una volta
uno dei vostri interminabili discorsi
sul perseguire i propri sogni fissare delle mete
o se segnare un limite creare un confine
voglia dire amare il prossimo od odiarlo.
Ho visto in faccia il principe del mondo
so di cosa parlo
e ho visto che non era profondo
parla di pane o di fame se ho fame
di coraggio o di paura se mi nascondo
ma se invece di dire *conforto*
lasciassi immensa questa vita immensa
libera di piovere sulla polvere
di dire qualsiasi cosa di guardarmi
dall'occhio ancora schiuso
e ancora senza volto del tramonto.
Tacere. Dio oh Dio!
Piacere non piacere
ancora non ancora
Se non sarò la tua Parola
almeno sarò il tuo ascolto.

to comprehend your thirst?
By all means, try it one more time,
rattle off one of your endless speeches
on how we should pursue our dreams, define our goals,
or should we draw a line in the sand
that means we love our neighbor, or hate.
I looked him in the eyes, the worldly prince,
(I know what I'm saying)
and I've seen he isn't that deep,
the way he talks of bread and hunger if I'm hungry,
of courage and fear when I am hiding.
But what if instead of me saying *comfort*
I let this immense life be immense,
free to rain on ruin,
say anything at all, look at me
through the eye still open
and yet faceless as the setting sun.
Hush. God, O God!
Pleasure, not pleasure,
still, not still.
If I won't be your Word,
at least I'll be your listening.

IOWA

*

Waterloo – Eleanor Mast (nata nel 1907)

Benvenuti avvicinatevi
sono Leanor questo è il mio arcolaio lo vedete
come gira e gira la sua ruota venite
sentite come gira e come tira la conocchia
dalle dita e ne fa un filo.

Ricordo ancora dove sedette per la dimostrazione
la biblioteca del comune
novantasette scolari *confusione* penserete
ma io con gli altri eravamo girasoli
e l'arcolaio e quella vecchia erano il sole.

C'è qualcosa che l'arcolaio ti toglie
e qualcosa che ti mette tra le dita.
Vedete come gira la ruota e piano
mi svuota le mani mentre tiro
e lascio andare.
Tenete una presa leggera e lasciate
che il filo si dipani e si raccolga sul rocchetto.
Vedete questo scialle di lino?
ci si mette sette giorni all'uncinetto.
Ma cosa sono sette giorni
se poi hai fatto qualcosa dal niente.

Siamo in America. E siamo Americani?
Non datemi in regalo delle scelte
ad ogni incrocio ci si sente più lontani

IOWA

*

Waterloo – Eleanor Mast (born in 1907)

Welcome, come closer.
I am Eleanor, and you can see this is my spinning wheel
that turns and turns. Feel,
see how it turns and how the distaff pulls
against your fingers and makes a thread.

I still remember where she sat, the demonstration
in the municipal library
all ninety-seven of us. You'd think we'd all be wild schoolkids.
But we were so many sunflowers,
and the spinning wheel and the old woman were the sun.

There is something that the spinning wheel takes away
and something else it gives back to your fingers.
See how the wheel turns and slowly
it empties my hands as I pull
and let go?
Keep a gentle hold and let
the thread unravel and collect on the spool.
Do you see this linen shawl?
It takes seven days to crochet.
But what are seven days
if you have made something out of nothing.

We are from America. But are we American?
Don't give me choices like handouts.
I feel more lost at every crossing.

datemi ragioni come Eleanor spiegate alle mie mani
la ruota delle stagioni
alle mie dita un senso tattile del mito e del silenzio
così che quando l'ora viene
i pensieri siano pronti a riconoscere
negli occhi la conocchia che trattiene e poi rilascia
l'arcolaio nella terra che gira sul suo asse
a dipanare le galassie sul rocchetto del tempo
il lino grezzo del firmamento.

Give me an intellect the way that Eleanor explained to my hands
the wheel of the seasons,
to my fingers a tactile sense of myth and silence,
so that when the hour comes
my thoughts will be prepared to recognize
my own eyes as the distaff that holds and releases,
to see that the earth turning on its axis is the spinning wheel
unwinding from the spool of time the galaxies
into the raw linen of the skies.

INDIANA

*

Worthmore Avenue, Elkhart Indiana

La mattina presto Jane esce
da una tipica casa con veranda
tetto bianco e bandiera americana
raccoglie il giornale nel vialetto
si sente salutare dal vicino gli fa una domanda
e senza aspettare una risposta torna dentro.

Quando la porta le si chiude dietro
il giornale le cade a terra
si afferra il petto così forte
che la sua mano sul seno è un bassorilievo.
Primo è il fastidioso inutile sollievo
di non essere stata scorta dal vicino
poi quel vago terribile senso di colpa.
Sia pure il vialetto le voci dei vicini
gli accordi stentati di una lezione di pianoforte
lei sa che non accadrà niente
che non inizia il tempo presente
a meno che non dica quella colpa.
Per dirla le serve così poco chiunque qualcuno
e le parole le verrebbero sicure
e il suo cuore sboccerebbe come un giglio di fuoco.

Poi suo figlio il bellissimo sedere
di una qualsiasi delle amanti di suo marito
la messa la domenica
lei che non gli lascia mai chiedere perdono

INDIANA

*

Worthmore Avenue, Elkhart, Indiana

First thing in the morning Jane comes out
from a typical house with a porch,
a white roof, and an American flag.
In the driveway, she picks up the paper.
She returns *how are you*? to the neighbor
but goes back inside without an answer.

When the door closes behind her
she lets the newspaper fall to the floor,
and she presses against his chest so hard
that her hand on her own breast seems a bas-relief.
First comes the annoying unnecessary relief
that her neighbor didn't notice her,
then a vague and guilty sense of dread.
Despite the driveway, the voices from next door,
the stunted chords of a piano lesson somewhere,
she knows that nothing will happen,
that her present will never begin
unless she confesses aloud her fault.
To express it she needs so little, someone, anyone,
and the words would be safe as a vault,
and her heart like a lily of fire would blossom.

So her son, or the beautiful ass
of any one of her husband's lovers,
the Sunday Mass,
herself not granting him a chance to repent,

l'America l'evento imperdibile già tutto esaurito
il taglio che il supplemento al giornale le ha fatto sul dito
tutto sarà buono.

America, the unmissable sold-out event,
on her finger the newspaper-supplement paper-cut,
everything will be good.

ALABAMA

*

2006 – Birmingham

Tre muri collassati in un incendio
quello occidentale dalla parte dell'altare
ha trascinato con sé i due laterali.
Ora nella chiesa non si può entrare
o uscire si attraversa il muro d'ingresso
ancora con l'acquasantiera
e puoi farti la croce con l'acqua piovana.
Il tetto è un enorme costato aperto
inarcato in dentro come sotto una frustata
la schiena nera a carponi.
C'è una vecchia vestita elegante
che viene ogni domenica
al tramonto e si siede sull'ultima panca.
Ultima di che? direte voi *c'è solo un muro.*
ma c'è qualcosa di magico in chi non dimentica
in lei così nostalgica che vede nel futuro
in chi chiede non parole ma un'entrata
dal mondo nel mondo in cui il cielo è una navata
e il tabernacolo è il sole.

ALABAMA

*

2006 – Birmingham

Three walls collapsed from a fire.
The western one from the altar end
that dragged down the lateral walls with it.
Now you can only enter this church
or exit through the wall at the entrance
where the stoup still stands,
and you can cross yourself with rainwater.
The roof is an enormous, open rib cage
arching inward as if under a whip,
its black back bent down, on all fours.
There is an elegantly-dressed, old woman
who comes every Sunday
at sunset and sits in the back row.
The back of what? You might say, *as there is only one wall left.*
But there's something magical in those who don't forget,
in her so nostalgic she can see into the future,
in those who don't ask for words but for an entrance away
from the world into the world, where the sky is the nave
and the tabernacle is the sun.

HAWAII

*

A causa dei prezzi esorbitanti del mercato immobiliare, una parte impressionante della popolazione più povera dello stato delle Hawaii (composta soprattutto di nativi) si trova ora costretta a vivere da senza tetto. Intere famiglie conducono la propria vita quotidiana in tende finendo col formare accampamenti, dentro e intorno alle città.
Mauna Kea, il vulcano ora dormiente sull'isola Hawaii, è il figlio maggiore nato dall'unione di Wakea, il padre celeste, e Papahanaumoku, madre terra. Mauna Loa è "La lunga montagna", il vulcano più attivo e pericoloso del pianeta.

Una di quelle notti in dormiveglia
dove se non penso sogno
che cosa abbia fatto di male la mia famiglia
per meritarsi un uomo indegno come il sottoscritto.
Mi sveglio di soprassalto
mi pare aver sentito la voce di mia figlia.
Mi stacco dall'asfalto dove dormo
che ora copre Honolulu come sopra il volto il velo
che non riesce a trattenere il freddo del morto
e slaccio l'anima
dal nodo già mezzo disfatto del sonno.
Sbircio nella tenda allungo il braccio
entrambe le mie donne dormono serene nel loro sacco a pelo.
Richiudo la cerniera e guardo in alto sopra la tendopoli
i pilastri e gli alveari di cemento che un pagliaccio
ha messo a puntellare il buio del cielo
e gli spalti rotanti degli astri.

Fai un passo mi disse la voce di mia figlia.
Non mia figlia qualcosa di ancora più vero
cui dai retta per paura perché non lo vedi.

HAWAII

*

Due to the exorbitant prices of the real estate market, an impressive portion of the population in the state of Hawaii (mostly composed of natives) is now forced to live homeless. Whole families lead their daily lives in camps in and outside cities.
Mauna Kea, the now dormant volcano on the island of Hawaii, is the eldest son born of the union of Wakea, the heavenly father, and Papahanaumoku, mother earth. Mauna Loa is "The long mountain", the most active and dangerous volcano on the planet.

It is one of those nights of tossing and turning
where I dream or I wonder
what evil my family must have done
to deserve yours truly, a derelict father.
I wake up with a jolt
thinking I hear the voice of my daughter.
I get up off the asphalt
which now covers Honolulu like the shroud
which cannot hold the cold from the face of the dead,
and I untie my soul
from the half-undone knot of sleep.
I peek back into the tent, reach in.
Both of my girls are in their sleeping bags asleep.
I pull the zipper closed and gaze beyond the tent city,
above the pillars and hives of concrete as if some fool
has built them to prop up the darkness of heaven
and the rotating terraces of stars.

Take a step, I hear my daughter's voice.
It's not my daughter, but something more true
that I fear to hear because I cannot see it.

Adesso sai che è un atto di pietà se uso un'altra voce
se non mi vedi in faccia e non mi leggi nel pensiero.
Ho la pelle d'oca
tremo insieme all'aria e alle stelle.
Fai un passo mi ripete. Lo faccio
guardo in basso e mi trovo con il piede
sinistro sull'isola Kauai e il destro
di punta senza peso sulla piccola Niihau.
Fanne altri tre
e allora zoppico maldestro
lungo tutto l'arcipelago cercando
di tenermi in equilibrio via dall'abisso.
Questa è la tua Nazione ma non te la mostro
per dirti questo.
Ti senti meno indegno adesso che potresti
schiacciare i grattacieli con un gesto?
No. Risposi. E continuò ma duro
come fosse quasi troppo tardi.
Sono così grande. Se foste qui ti giuro
risponderei a tutte le vostre domande.
Non capite che nemmeno è una questione di ricordi.
I popoli hanno un cuore acerbo o un cuore maturo
quella tendopoli quel tempo non è poi così importante.
Da Maui guardo l'isola Hawaii
davanti a me ma indietro di trent'anni
al tempo dell'ultima eruzione
o forse è adesso questa lava che si addensa
che sa di tutto tranne di democrazia
dove tutto è a un tempo castigo ricompensa
profezia.
Avete reso queste isole un suolo consacrato

Now you know it's an act of pity if I use another voice
and you can't see my face and you can't read my mind.
I have goosebumps,
and I tremble with the air and stars.
Take a step, he repeats. I do,
and I look down to find myself with my left foot
on Kauai and almost no weight on my right
foot's tip on little Niihau.
Take three more,
and then I limp clumsily
along the archipelago, trying
not to fall into the abyss.
This is your Country but I have not come to just show
or to tell you this.
Do you feel less unworthy now that you can
crush skyscrapers with a gesture?
No, I say. And he replies, stern
as if it were almost too late.
I am so great. If any of you were here I swear
I'd answer every question.
You don't understand that it's not even a question of remembering.
People's hearts are hard or ready for the harvest.
That tent city, that particular time is not so important.
From Maui I look at the island of Hawaii
in front of me but back thirty years
at the time of the last eruption
or maybe it's now: this lava thickening
which feels like everything except democracy,
where everything is at once punishment, reward,
and prophecy.
You people have made these islands a consecrated ground

alla vendetta e alla colpa.
Avete scambiato la visione che vi ho dato
per terra e la terra può esservi tolta.
E così è stato.
Se foste qui… ma non ci siete.
Non osare mettere piede su mio figlio più grande
ma guarda la ferita di Mauna Loa
l'incandescenza del suo sangue che terribile si spande
che nessuno può arginare e nessuno comprende.

for revenge and for guilt.
You people have mistaken the vision I'd found
for the land, and land can be taken away.
And so it was.
If you were here ... but you are not.
Don't you dare set foot on my eldest son,
only look at Mauna Loa's wounds,
the incandescent glow of his terrifying blood that flows,
that no one can contain and nobody really knows.

DELAWARE

*

Nei pressi del White Swan Lake

Io e la mia famiglia ci voltammo
mentre lasciavamo questa terra
dopo la guerra dell'uomo Bianco
contro l'uomo Bianco.
Diceva sempre le stesse parole.
Libertà indipendenza felicità
come fossero una ma nessuna
voleva dire il soffio dell'alba nell'erba
la stella del mattino fievole prima del sole.
Il suo occhio sempre spalancato e stanco
il suo corpo e la sua bocca
erano sempre solo tesi come un arco
e ogni gesto che faceva con le braccia
erano ascia e freccia il coltello non capivo
il suo impeto cattivo di città
alberi erba lo scalpo
strappato al cranio della terra
come a un nemico ancora vivo.
Se almeno imparaste che non è rassegnazione
la ragione per cui andiamo in Oklahoma
dovunque andiamo lì va la nostra nazione.
Se ho capito bene l'uomo bianco
dice solo *migrazione*.
Siamo questo cigno bianco che stende le sue ali
ed offre croce aperta del suo corpo
al vento dello Spirito mai stanco
e all'occhio del cacciatore.

DELAWARE

*

Near White Swan Lake

My family and I looked back
while we were leaving this land
after the war of the white man
against the white man.
He always says the same thing:
Freedom, independence, happiness,
as if they were one, but none of them
meant the breath of dawn upon the grass
and upon the faint morning star before the sun.
His eye was always wide open and tired,
his body and mouth
always only tense like a bow,
and every gesture he made with his arms—
ax arrow knife—I didn't understand
his evil rush to build cities.
Trees and grass to him are scalp
torn from the skull of the earth
as if from a living enemy.
I wish you understood it's not resignation,
why we go to Oklahoma.
Wherever we go, there goes our nation.
The white man, if I understand it right,
just calls it *migration.*
We are this white swan who spreads her wings wide
and offers the open cross of her body
to the wind of the Spirit never tired
and to the hunter's sight.

VIRGINIA

*

A mia figlia

La tua era un'andata il mio un ritorno.
Era mezzogiorno.
Ti misi nel seggiolino chicco
ti presi e ti portai fuori dall'ospedale.
Dal reparto maternità di Henrico County si usciva
su un tappeto rosso sotto un portico
fino a un viale alberato e il sole a picco.
Entrammo noi soli per primi nel cantico
delle creature
nel respiro che il vento dà al fogliame.
Entrammo insieme
dove tutto è appena nato e per un attimo
non ha bisogno di passato di futuro
o di un nome.
Rinuncio a raccogliere il mare
a toglierlo dal blu
rinuncio al nido delle mani
dove non resta che acqua e sale.
Trentacinque estati sono abbastanza
per riuscire a voler bene senza nessuna speranza
senza guardare avanti o in un ricordo.
Indietro sì ma fino in fondo.
Quel momento fuori l'ospedale non era infanzia
ma rinascere abbagliato quasi sordo
tanta gloria era tanto fioco il male.

Ora so le tenere tue braccia le terre

VIRGINIA

*

To my daughter

Yours was a one way ticket, mine a return.
It was noon.
I put you in your car seat,
picked you up, and took you from the hospital.
The exit of the Henrico County maternity ward
had a red carpet and a porch
which led to a tree-lined avenue, then blazing sun.
We entered alone, first into the song
of the creation,
into the breath that the wind gives to the leaves.
We entered in together
where all was born again and, for a moment,
there was no need for a past, a future
or a name.
I renounce collecting the sea,
removing it from the blue.
I renounce the nest of my hands
where nothing is left but water and salt.
Thirty-five summers are enough
to love without hope,
without looking ahead or back toward memory.
Back, only further back, to the end.
That moment outside the hospital was not childhood
but being born again bewildered, almost deaf,
so great was the glory, so faint the evil.

Now I know your arms, the land

ferme chiare dei tuoi ricordi
so dei molti degli umili dei santi che non vedo
la maggioranza delle stelle.

precisely clear and made of your memories,
I know of so many I can't see: the humble, the saints.
Most of the stars.

MARYLAND

*

Chase – Domenica 4 Gennaio 1987. Collisione di due treni sul North Eastern Corridor. Chi parla è Cerees Millicent Horn.

C'è qualcosa di me tra le stelle
lo so che sembra melenso.
Questo fuoco disperso che non stai nella pelle
non so come spiegarlo a sedici anni.
Ma almeno sono al college e studio astrofisica.
Voi che fate di bello?
Devo entrare in questa musica ultrasonica che appanni
anche soltanto col vapore del tuo fiato
se un attimo ti scordi le finestre.
Sono in treno di domenica
studio relatività così il prossimo semestre
posso fare un corso avanzato di fisica.
Princeton alla mia età
è il mio modo di correre verso di loro
in più in fretta possibile
di diventare astronauta e guadagnarmi
l'oro tremulo e intoccabile
la libertà perfetta.

Sono tanto abituata a quel richiamo
sopra al muro del suono
che quando il treno fischia il suo allarme
mi rintrona nelle orecchie come un tuono.
Un uomo che prima guardava al finestrino
fa appena in tempo ad urlare come un pazzo ad alzarsi
e ad allargare due falcate verso il retro del treno.

MARYLAND

*

Chase – Sunday, January 4, 1987. Two trains collided on the North Eastern Corridor. Ceres Millicent Horn speaking.

There is something of me among the stars.
I know it sounds silly.
You can hardly keep yourself together, a fire scattered so far.
How do I explain it at just sixteen?
At least I am in college studying astrophysics.
What have you been up to?
I am getting into this ultrasonic music that you cloud
even with just the steam of your breath
when, for a moment, you forget about the window pane.
It's Sunday, and I'm on the train
studying relativity so next semester
I can take advanced physics.
Getting into Princeton at my age
is my way of racing towards those stars
as fast as possible,
to become an astronaut and earn
their gold, tremulous and untouchable,
the perfect liberty.

I am so used to their call
beyond this wall of sound,
when the train whistles, its alarm
roars in my ears like thunder.
A guy who was looking out the window one moment ago
only has enough time to scream, get up,
and run two strides towards the back of the train.

Gli altri vi racconteranno
dell'impatto devastante l'esplosione
vi diranno del treno smembrato
finito vagone a vagone
dentro i cortili di ingresso delle case
della ridente comunità di West Twin River.
Parleranno delle vittime e diranno il mio nome.
Diranno che intellettualmente ero una superstar.

Non capirete mai di quanto le parole
superino la vostra verità.
Potrei cercare di spiegare questa vera conoscenza
la risposta delle stelle alla mia domanda
direi *violenza della grazia* ma vi entrerebbe da un orecchio
e vi uscirebbe dall'altro.
Non c'è immagine più adatta
che quella di una valanga
tu che vuoi salire e invece il rombo che discende
che ti si fa da sempre più vicino
tra gli allarmi e poi travolge.
Prima che il tempo guadagnato
sbricioli all'impatto gridi
e un secondo dopo che l'onda ti ha travolto
sei lì che ridi provi quasi tenerezza
per te stessa e poi ti accorgi
che puoi vedere il tuo corpo dall'alto
attraverso un fittissimo strato di anidridi
dopo poco nel medesimo secondo puoi tenere
gli occhi fissi sui primi soccorsi
e vedere finalmente il miracolo del sole sospeso
come una sfera in un buio staccato da ogni orizzonte

Others will be able to tell you
of the devastating impact, the explosion,
and tell you about the dismembered train
car by car ending up
inside the courtyards of the houses
of the cheerful West Twin River community.
They will talk about the victims and say my name.
They will say I was a genius "superstar".

You will never know how much your words
exceed your truth.
I could even try to name this real knowledge,
the answer of the stars to my question.
I might call it *the violence of grace*. But it would go in one ear
and out the other.
There is no image more apt
than an avalanche.
You want to climb, but a rumble descends
and closes in
among the panic until it overwhelms.
Before the time that you have saved
crumbles on impact, you shout,
and a second after the wave overwhelms,
you are there laughing. You almost feel
silly, and then you realize
that you can see your body from above
through a dense layer of anhydrides.
After a while, in the same second you can
fix your eyes on first aid
and finally see the miracle of the sun suspended
like a sphere burning in darkness detached from every horizon,

sentire sulla fronte il suo vento terribile
protoni ed elettroni sfuggiti alla corona
lambire la soglia dell'esosfera.
Dopo un minuto sei ai bordi del braccio di Orione
ma puoi ancora tuffarti di testa tra le spire della nostra galassia
toccarne il fondale con la guancia
puoi ancora appoggiarla sul binario
o alla fiancata del vagone che dà verso il cielo
le strisce di lamiera ti bruciano gennaio sulla faccia
anche se sei tra le braccia congelanti dello spazio stellare
stelle e strisce nelle quattro dimensioni
come il senso finale di una strana
bandiera americana.
E mentre sali tutto si immistera senti
come ogni cosa intensamente esista
buona e giusta su misura
alla dismisura umana.
Non faccio neanche in tempo a capire che si avvera
quel non stare nella pelle che mi strugge
fin da quando ero bambina un altro passo
e dovrò allungare il braccio verso il basso
negli anni nella luce marina delle ultime stelle.

feeling its terrible wind on your forehead,
protons and electrons escaped from the corona
to touch the threshold of the exosphere.
A minute later you are at the edges of Orion's arm,
but you can still dive headfirst among the gyres of our galaxy
to reach its bottom with your cheek,
and all the while still place it on the rail
or onto that side of your derailed car flipped to the sky.
You can feel its January-cold sheet metal burn your face
even if you are in the freezing arms of outer space.
Stars and stripes in the four dimensions
are like some final sense of a strange
American flag.
As you ascend into the mystery of it all,
how intensely everything exists
good and fair, measuring up
to your all-too-human yearning.
I don't even have time to wholly realize that it's come true,
that I'd been waiting for this all-consuming moment
since I was a child. One more step,
and I may just have to stretch my arm back down
through years, through light oceanic and of the outermost stars.

GEORGIA

*

Little Old Log Cabin in the Lane – Canzone scritta nel 1871 da William Shakespeare Hays, che fu incarcerato dall'Unione per aver scritto canzoni sediziose nel periodo della Guerra Civile. Fu messa su disco in Atlanta, Georgia nel Giugno 1923, con l'interpretazione di Fiddlin' John Carson. La Rosa Cherokee è una rosa rampicante e spontanea simbolo dello stato della Georgia.

Il frinire dei grilli intorno ai fuochi
penetrava nel silenzio della gente.
Niente più lontano dalla pace
l'attesa fremente del mio violino la mia voce
la sconsiderata gioia con cui poi per mille volte
con l'asticciola accoltellavo l'aria e insieme ad essa
tutti i mali visibili e invisibili
spingendo pugnalavo la miseria e la morte
e tirando
le ricamavo a una promessa.
Vengano a me i poveri i giovani i deboli
coloro che in un modo o nell'altro
hanno ristoro nel mio canto.
L'America è una musica spavalda
che non chiede permesso al potere
non sopprime nessuna domanda
e non aspetta domenica
l'America è la storia ironica
d'essere qui perché hanno promesso ricchezza
e ritrovarci a cantare di un soffitto sfondato
in una casa in mezzo alla foresta
e di un vecchio troppo vecchio per provare amarezza
suonare figuriamoci pensare

GEORGIA

*

Little Old Log Cabin in the Lane – Song written in 1871 by William Shakespeare Hayes, imprisoned by the Union for writing seditious songs during the Civil War. The song was released in Atlanta, Georgia, in June 1923, with a recording by Fiddlin' John Carson. The Cherokee Rose is a climbing variety, symbol of the state of Georgia.

Away from the fires, the chirping of crickets
used to penetrate the silence of my crowds.
Nothing further from peace:
the trembling expectation of my violin, my voice,
the reckless joy a thousand times by which
I used the bow to stab the air
and all the seen and unseen pain.
By pushing I stabbed misery and death
and by pulling
embroidered them to a promise.
Let them come to me: the poor, the young, the weak,
those who in one way or another
find relief within my song.
America is a music of bravado
that does not ask permission from power,
does not suppress questions
and doesn't wait for Sunday.
America is a story full of irony,
of living here because they promised riches
only to find ourselves singing to a cracked ceiling
in a house in the middle of the forest.
And of an old man, too old to feel unease,
or to play or doesn't even think

al tetto come a un coperchio rotto e resta
per godersi più sole più pioggia più brezza.

Da dove nasce la tua musica
quest'allegria così unica così malinconica?
Chiedevano mentre giravo l'America.

L'erba ricresce sui sentieri
che hai battuto tutto intorno alla collina
la rosa cherokee afferra il legno dei recinti
e dopo che li ha avvinti
li trascina nella terra
insieme al peso della pioggia che li impregna.
Sei più solo del tuo cane.
Gli unici occhi sono i suoi
che poco capisce della solitudine
finché può annusare mani umane.
Eppure forse non è vero
che questo è un posto dimenticato da Dio.
Non un'anima nel raggio di miglia
solo la voglia di dire addio.
Tengo il mio violino chiuso contro il mento
quasi ci danzo insieme e chiudo gli occhi per paura di mentire
mentre la ciocca di crine che strofina sulle corde
diventa sempre più spettinata e sottile
così incandescente che un alito di fuoco mi bacia la guancia.
E mentre suono capisco come in sogno il motivo
per cui l'erba cancella le strade e la rosa cherokee
abbatte ogni legno che sia privo di radice.
Riapro gli occhi e il centro d'oro della rosa
mi guarda di rimando non feroce

about the roof as a broken lid, who stays put
to enjoy more sun, more rain, more breeze.

Where does your music come from:
such unique and melancholic merriment?
they asked me once while I toured America.

The grass grows back over the paths
that I cleared all around the hill.
The Cherokee rose climbs the fence rails,
and after it has wound itself around them,
it drags them to the earth
together with the drenching weight of rain.
I feel lonelier than my dog.
The only other eyes here are hers
who doesn't think much of loneliness
as long as she can smell my human hands.
Perhaps it's not so true
this place is godforsaken.
Not a soul for miles
and just the wish to say farewell.
I keep my violin against my chin.
I almost dance with it and close my eyes afraid of lying
while the strands of horsehair sliding on the strings
get more and more disheveled, so thin
and incandescent that a breath of fire kisses my cheek.
And while I play I understand, as if dreaming, the reason
why the grass will hide your paths and the Cherokee rose
will pull down any wood without the roots.
I open my eyes and the golden center of the rose
looks kindly back at me coming

da terra ancora avvolta al mio recinto
pupilla dilatata di ragazza che ride
con gli occhi mentre mi ascolta.
E ora sono soltanto se suono
questa vita nelle nostre vite
l'allegria con cui puntello la menzogna del nostro abbandono.
Siamo noi che battiamo le strade cintiamo il confine
ma è solo il nostro modo per entrare tornare sconfitti
raccontare una storia ai presenti.
Questo regno di sogno e di materia
che ci sfonda casa e che ci impregna gli occhi aperti
non ne ha mai avuto bisogno.

from the ground still winding up my fence,
the dilated pupil of a girl who laughs
just with her eyes while listening to me.
And I exist now only if I play
this life into our lives,
the joy with which I shore against the lie of our abandonment.
We are the ones who clear the paths, who fence the borders,
but it is just our way in and also the way back out, humbled
to tell a story to an audience.
This realm of dream and matter
that razes our homes and fills our open eyes
never needed it.

TENNESSEE

*

La nostra casa è l'unica ragione d'esistenza di Adams Road
una strada al tempo appena distinguibile nell'erba.
La prima volta che vedo un'automobile
sono alla finestra insieme a Rose.
La foresta resta immobile
e si disturba appena
ad annunciarla con un nugolo di passeri.
Poi l'auto sbuca dalla coltre
su cui galleggiano le chiome degli alberi
ma non avanza oltre.
Parcheggia appena fuori dalla nebbia
Tra la bocca spalancata del granaio
già strapiena di pannocchie
e la vecchia mietitrebbia.
Come per lasciarci il tempo di ammirarla.
Mia madre viene al davanzale *È la legge*
corri ad avvertire tuo padre.
E dalla cima ci fiondiamo come schegge
alla distilleria di contrabbando giù al torrente
oltre il tabacco e il campo già mietuto,
e poi nell'erba altissima, la nebbia,
Rose che non ci vede un accidente e viene a stringermi la mano
E con la grazia di chi non avendo visto ha creduto
mi tira per farmi voltare e mi imprime sulle labbra
saliva impastata alle nubi, un sapore
di pietra bagnata mischiata al calore della carne
e al vapore alcolico.
Chiudo gli occhi perché non so che farne.
Cerco di passarle le mie dita tra i capelli

TENNESSEE

*

Our home is Adams Road's only reason for existence
on a road that was barely distinguishable in the grass at the time.
The first time I see a car
I'm at the window with Rose.
The forest stands still
and barely bothers
to announce it with a swarm of sparrows.
Then the car comes out of the mist
on which the tree tops float
but it does not go farther.
It parks just outside the fog
between the open mouth of the barn
already full of corncobs
and the old harvester.
As if to leave us time to admire it.
My mother comes to the windowsill. *It's the law.*
Run and warn your father.
And we race downhill like splinters
to the smuggling distillery down by the creek
beyond the tobacco and the harvested field,
and then in the tall grass, the fog.
Rose does not see a damn thing and takes my hand.
With the grace of those who believed without seeing
she pulls me to turn me around and imprints on my lips
spit mixed with the clouds, a flavor
of wet stone mixed with the heat of flesh
and alcoholic vapor.
I close my eyes because I don't know what to do with them.
I try to run my fingers through her hair

ma non posso evitare di carezzare anche l'erba.
Mio padre esce dal covo travestito da legnaia
sono già così ubriaco
che riesco a malapena a dirgli le parole di mia madre.
Quando risaliamo a casa solo allora lo sceriffo
esce dalla macchina stringendosi il cappello tra le mani.
James, lo stato ha dichiarato
che siete ufficialmente sotto la soglia di povertà.
Se volete potete chiedere aiuto.
Ed io penso *Povertà, aiuto?*
nelle narici e nei polmoni ho i fumi dell'alcool migliore
che si possa trovare nel raggio di mezzo stato
negli occhi i fumi sterminati che i monti Appalachi
espirano amputandosi dal mondo,
tra le dita ho ancora il tocco della loro erba
che è anche i capelli del mio amore
sulle labbra il loro bacio.
Sento dire un'altra volta *Siete poveri.*
Poi la legge gira i tacchi
e insieme a quella sua automobile scompare
nella nebbia.
Le catene di montagne, l'erba, gli alberi,
tutto è immobile, felice.
Giusto un altro stormo di passeri.
Adesso so che Dio dice *Non ti preoccupare*
quando li dice.

but I can't help but caress the grass as well.
My father comes out of the den he has disguised as a woodshed.
I'm already so drunk
I can barely tell him mother's words.
When we run back home, only then the sheriff
gets out of his car clutching his hat in his hands.
James, the state has declared
that you are officially below the poverty level.
If you want you can ask for help.
And I think *Poverty, help?*
In my nostrils and lungs I hold the fumes of the best alcohol
that can be found in the range of half a state,
and in my eyes the endless fumes that the Appalachian mountains
expire to cut themselves off from the world,
and on my fingers I still have the touch of the grass
which is also the hair of my love,
their kiss on my lips.
I hear *You are poor* one more time
Then the law turns around
and along with his car disappears
into the fog.
The mountain ranges, the grass, the trees,
everything is still, happy.
Another flock of sparrows in a flurry.
Now I know what it means when God says them
and says, Don't worry.

ARIZONA

*

Mio padre mi indicava il corpo morto del bisonte
fiammeggiante di tramonto.

"Vedi figlio mio come il sole
promette un altro tempo
un patto senza parole
di sangue tra lui e il bisonte."

Ed io guardavo con sgomento capivo.

A quarant'anni mi misi in testa il copricapo
di mio padre per fare il nativo
per tirar su qualche soldo
così che i debitori mi lasciassero in pace
ero di poche parole come lui ma lo ero
solo per non andare fuori ruolo
non ricordavo una parola di Apache
e ancor meno i detti dei Mescalero.

Con gli altri ci piazziamo in Heritage Square
in Phoenix davanti alla pizzeria Bianco.
Suoniamo pezzi anni ottanta novanta....
Forse sono solo troppo stanco
ma da quel flauto di canna
le note sono troppo ladre
perché la morte possa arginarne il disonore
così la vista mi si appanna
e da sopra il flauto di canna vedo mio padre

ARIZONA

*

My father showed me the bison's dead body
aflame with sunset.

See, my son, how the sun
promises another chance,
without words an oath
of blood between him and the bison.

And I looked with dismay and understood.

At forty I put on my father's headdress
to act like a native,
to make some money
so the creditors would leave me alone.
I was of few words like him,
but it was only a pose.
I couldn't remember a word of Apache
and even less the sayings of the Mescalero.

I hang out with others in Heritage Square
in Phoenix, in front of Bianco Pizza joint.
We play tunes from the eighties, the nineties...
Maybe I'm just wiped out,
but from that reed flute
the notes seem to me too ripped-off
for death to stop their dishonor.
So my vision gets blurry.
And over the reed flute I see my father

nella vetrina della pizzeria
al di là del capannello di spettatori.

Dal deserto che da sempre ho annidato tra i polmoni
mi si alza e brucia gli occhi una vampa di sabbia.
Così diverse le ragioni
per cui ora non trovo la parola.
Mi sfugge una stecca.
Con un secolo e mezzo di ritardo
la saliva mi si secca in gola.

Non una parola di rimprovero dall'uomo in vetrina.
Non è mio padre o il vostro dio ma io
che mi restituisco lo sguardo.
Mi viene da piangere
da rimanere muto zufolando.
Visioni calde piene di lacrime
il grande Spirito che in forma di vento
entrava nelle tende e carezzandoci la pelle
infondeva la sua anima nelle nostre anime
dal canneto a ridosso dell'accampamento.

Ci fissava santo ed equanime come il tramonto.
Vedi figlio come il sole promette un altro tempo.
Ci fissava entrambi: il bisonte e il mio sgomento.
I nostri corpi pitturati al lampo stabile rosso
di uno stesso giuramento.

in the pizzeria window
beyond the crowd gathered around.

From the desert forever settled in my lungs
a blaze of sand rises and burns my eyes.
There are so many reasons why,
and now I can't find what to say.
I miss my cue.
A century and a half too late,
in my throat the saliva dries.

From the man in the window, not a word of blame.
It's not my father or your god, but me
returning my own gaze.
I feel the tears within me rise
but remain quiet while the music plays.
Warm visions full of tears:
the great Spirit who in the shape of the wind
used to enter our tents, touch our skin,
infusing his soul into our own
from the reeds near the camp.

My father stared at us as holy and fair as the sunset.
See, my son, how the sun promises another chance.
The bison and my dismay: he stared at us both.
Our bodies painted by the steady red flash
of the same oath.

RHODE ISLAND

*

Gilbert Stuart, autoritratto – 1755–1828

Da dentro il ventre di mia madre sento
casa nostra in sottofondo.
Misto alla voce di mio padre
il fiume sospingere il mulino
in quell'aria salmastra di sentina.
Ogni cosa in quel buio assoluto
emerge dal silenzio chiara e definitiva
come un ultimo saluto
come fossi nella stiva di una nave
già mezza affondata.
Apro gli occhi nella luce mattutina.
Su di me lo sguardo di mia madre
che ora vale più di qualsiasi mattina.

E mi metto a disegnarla con la fregola di un ladro.
Mio padre lo chiamò talento
ma è un'ansia da sopravvissuto-
E più è potente il committente del mio quadro
più mi viene da ritrargli
nello sguardo quell'ultimo saluto.
Lo capii quando dipinsi il presidente.
Gli occhi duri di una rabbia mal celata
come troppo fosse ancora incompiuto.
Il committente si stupisce
di quanto io sia rapido col volto e s'infuria
per il fatto che a fare il resto ci metto anni.
La verità è che il resto non conta

RHODE ISLAND

*

Gilbert Stuart, self-portrait – 1755–1828

From inside my mother's womb I hear
our house in the background.
Mixed with my father's voice,
the river turns the mill
in the brackish air.
Everything in that absolute darkness
emerges from silence clear and definitive
as a last farewell,
as if I were in the hold
of a half-sunken ship.
I open my eyes in the first light dawning.
And on me, my mother's gaze
now worth more than any morning.

Now with the hurry of a thief, I start to draw.
My father called it talent,
but it's only the anguish of the survivor.
The more powerful the commission,
the more I want to portray
that last farewell in his eyes.
When I painted the President, I realized
an ill-concealed anger in the adamant eyes
as if too much were still undone.
My clients are amazed
how quickly I am with the face, then they're furious
it takes me years to do the rest.
The truth is the rest doesn't matter,

è un'altra sfumatura del buio quindi spesso
se proprio ho da finire me lo invento.
Mi importa dello sguardo perché splende
di luce propria.
Solo così mi strappo dalla tenebra.
Ad ogni momento potrei arrendermi
sfinito cedere all'abisso
che qui prende la forma del cappotto
e del cappello a falda larga.
Non riesco a darmi pace
tutti hanno la luce ma nessuno si guarda.
Nessuno ha il coraggio di fissarti nessuno
sa di essere già un candelabro perfetto
alzato contro il buio, quel vero
che ci smangia agli angoli degli occhi e dentro il petto.
Siamo candelabri senza i quali
il mondo sarebbe inferno, non un segreto,
il sole non sarebbe il sole
e il giorno sarebbe cieco.

it's another shade of the dark, so
if I really have to finish I just make it up.
I care about a look because it radiates
with a light of its own.
Only in this way do I tear myself away from the dark.
I could give up at any moment
exhausted, surrendering to the abyss
which here takes the form of my coat
and wide-brimmed hat.
I can't make peace with the thought
that all have the light but no one can see.
Nobody has the courage to look at himself, nobody
knows he is himself a perfect candlestick already
raised against the dark, that reality
that would eat at the corners of our eyes and inside our chests.
We are candlesticks, and without us
the world would be misery. No mystery.
The sun would not be the sun,
and the day would be blind.

OREGON

*

Mi sveglia lo spacco profondo nel labbro
in bocca scricchiola una pasta di sangue e sabbia
gli occhi pesti non posso aprirli.
Vino dolciastro tra i capelli.
Il ghiaccio del fosso
mi ha addormentato mezza faccia.
Il fango schiocca un bacio
quando faccio forza sulle ginocchia
e stacco la guancia.

Sì lo so ma come posso
trovarmi in tasca una tua foto
senza rivedere quella stanza
buia di motel l'interstatale
in quello stato della costa occidentale
senza risentire la tua mano la grazia
che gioca a mosca cieca
con tutto questo tempo e questo spazio
che mi tasta con l'indice
l'attaccatura dei capelli poi il mento
sentire che col polpastrello mi trova
e mi modella come argilla allo stesso momento.

L'anello lo feci con del filo di ferro.
La grande croce sopra il campanile
spuntò dall'avvallamento
come una coda di freccia dei Paiute.
Non importa che tu lo sappia. Lo senti
io posso - che tutto è già compiuto

OREGON

*

The deep split in my lip awakens me.
What creaks in my mouth is a paste of sand and blood.
My blackened eyes stay shut.
The wine in my hair smells sweet.
In the gutter the ice
has made half my face fall asleep.
When I push with my knees
to pull away my cheek,
the mud kisses me goodbye.

Yes I know, but how can I
find your photo in my pocket
without seeing that room again:
that dark interstate motel
in that state along the west coast,
without feeling your hand, your grace
of playing blind man's bluff
with all this time and space
that touches me with one finger:
my chin, my hairline,
to feel your fingertip find me
and shape me like clay at the same time?

I made your ring with iron wire.
The large cross above the bell tower
emerged from the valley
like the Paiute's arrow fletching.
It doesn't matter that you know it. Do you feel it?
I can. That everything is accomplished,

e che non c'è ritorno?
Sì dici felice oltre il crinale
di ogni stagione
dov'è impossibile che tu resti sia mia
e che tu vada via.
Dov'è impossibile distinguere il coraggio
da una forma di pazzia.
Nella terra selvaggia in Oregon
sulla strada dell'Ovest.
Sì dici felice *dove?* cercando
la croce con lo sguardo.

and there is no return?
Yes you say happy beyond the ridge
of each season,
where it's impossible for you to be mine, to stay,
to go away.
Where it's impossible to distinguish courage
from a form of madness.
In the wild, in Oregon,
on the road West.
Yes you happily said, *where?*
looking for the cross with your stare.

SOUTH DAKOTA

*

Il Reverendo Henry Weston Smith fu l'unico sacerdote che si avventurò nelle Black Hills durante la corsa all'oro. Più precisamente nella città fuorilegge di Deadwood (1877)

Il Reverendo Smith ci predicava per le strade
spesso davanti alla vetrina Brent and Deetken
nemmeno troppo fesso il Reverendo
ma ne diceva di cazzate.
Non è che l'abbia fatto apposta quella volta
ma parlava ad alta voce e le finestre erano aperte
stavo a fare un servizietto a un cliente.
La gente lo ascoltava volentieri
se qualcuno ridacchiava o bestemmiava
non gli fregava niente
anzi si tuffava di testa nel Vangelo
poi ne usciva sparando un versetto a bruciapelo
e non gli si riusciva a rispondere più niente.

Non credo che sia questa la maniera
di ricordare un morto ma ricordo che lo amava
sto mio tono irriverente.
Proprio un bell'uomo il Reverendo non intendo
poi mancargli di rispetto stasera
ché ieri l'han trovato su un sentiero
con una palla nella schiena
e oggi gli stanno scavando la fossa.

Ma quella volta la sparò troppo grossa:
Non esiste nulla fuori dell'uomo

SOUTH DAKOTA

*

Reverend Henry Weston Smith was the only priest who ever ventured into the Black Hills during the gold rush. More precisely, to the outlaw city of Deadwood (1877)

Reverend Smith used to preach to us on the street,
often in front of the Brent and Deetken window.
Not too stupid, the Reverend,
but sometimes he would talk bullshit.
It wasn't that he did it on purpose this one time,
but he was loud and the windows were open.
Let's say I was "servicing" a client.
People would listen closely to the preacher.
If someone chuckled or cursed,
he didn't care one bit.
Rather he dove into the Gospel headfirst.
Then point-blank he would come out firing a verse,
and none of them could talk back.

I don't think this is the right way
to remember the dead, but I remember how he used to love
my irreverent tone.
Such a handsome man, the Reverend, and I don't mean
to disrespect him tonight.
Because yesterday they found him out on a path
with a bullet in his back,
and today they're digging his grave.

But that one time he pushed it too far:
There is nothing from outside a man

che entrando in lui possa contaminarlo;
sono invece le cose che escono
dall'uomo a contaminarlo.
Non riesco a starmene zitta.
E non mi frega chi l'ha detta
se la Madonna o il Padre Eterno in persona
mi tiro ritta da inginocchio che sono
lascio in sospeso il brav'uomo
a cazzo dritto come una colonna
e mi affaccio dalla soffitta.
Va bene l'uomo e se invece
gli entra qualcosa alla donna? urlo al predicatore
mi appoggio al davanzale mentre tossisco
e rido mi sa sperma e un pezzo di polmone
insieme alle parole.

Lui mi guarda vede la mia rabbia io arrossisco
ferma senza muovere un muscolo
come non facevo da un secolo…
bello il Reverendo mentre mi guarda
mi sento calda ma non in quel senso giusta
puntuale la soffitta un orologio a cucù
ed io l'uccello uscito dalla gabbia
a segnare chissà quale ora.
Quella volta non sfoglia la bibbia.
Non ci fu verso di farlo continuare quel giorno.
L'altro ieri. Nulla nemmeno una parola.
Ieri parte perché predica anche a Crook
lascia una nota con scritto: "Se Dio vuole ritorno".

Gesù lo sai anche tu da tempo mi chiedevo

that, entering into him, can defile him;
but the things which come out of him,
those are the things that defile the man,
and I couldn't keep my mouth shut.
And I don't care who said it,
whether Our Lady or the Eternal Father Himself.
But I stand straight up,
I leave my good man in suspense,
his penis like a pillar,
and I look out from the attic.
That's fine for a man,
but what about women? I holler at the preacher.
I lean on the windowsill and laugh so hard
that I cough up a part of my lung and some spunk
along with my reply.

He looks at me, sees my anger, so I blush
and stop there without moving a muscle
like I haven't done in forever ...
The Reverend seems handsome when he looks at me.
I feel warm but not in that sense. But righteous
and on time. The attic is a cuckoo clock,
and I am the bird come out of the cage
to mark who knows what hour.
This time he does not leaf through the Bible.
There was no way to go on after that.
It was the day before yesterday. Nothing, not even a word.
Yesterday he left because he also preaches at Crook.
He left a note with the words: "God willing, I'll be back".

Jesus, you know that for a long time I've questioned

perché proprio Deadwood perché
proprio questa vetrina e questo incrocio
cosa ci fosse di speciale in mezzo a questo medioevo
di pistoleri mercenari dove la vita vale meno
della corsa a un grammo d'oro.
Quando arrivai sapevo poco e chiaro
sarei stato l'unico tra loro
a non essere qui per denaro.
La città nasceva nel nome di un idolo
da ogni angolo l'immenso martellare era l'uomo
intento ad inchiodarsi alla propria croce.
Sentii che non ne sarei uscito mai più.
Come è possibile convincerli che è buono
l'amaro perché Tu come loro ce l'hai in bocca
durante la crocifissione?
Pensai forse se tengo gli orecchi tesi a ogni suono
la mano destra sul Vangelo
gli occhi su di loro
come un Tuo pistolero
E poi mi hanno sparato nella schiena.
O dolce Cristo come Pietro e Maddalena
sento la tua voce e non capisco che mi hai chiesto.
E così strano quando guardi le persone
mentre sai che stai vivendo la passione
piano piano in me non ritrovavo
più traccia di condanna o di perdono
di quella donna ho visto solo
il fioco focolaio che le fumiga nel cuore
e quello grande che le infiamma il polmone
e le spossa la voce.
Ed era ancora troppo poco. Ora che muoio

Why Deadwood, why
this shop window and this intersection?
What's so special about these Dark Ages
of mercenary gunslingers, where life is far less dear
than this mad rush toward an ounce of gold.
When I first arrived I knew little but clearly:
I would have been the only one among them
not here for the money.
The city was born in the name of an idol,
and from every corner the immense hammering was man
intent on nailing himself to his own cross.
I felt I never would escape.
How can I convince them that it's good,
this bitterness, because, like them, You have it in your mouth
at your crucifixion?
I thought: "maybe if I keep my ears tuned to every sound,
my right hand on the gospel,
my eyes on each around
me serving as Your gunslinger ..."
And then they shot me in the back.
O sweet Christ, like Peter and Magdalene
I hear your voice and I don't understand what you asked of me.
It is so strange when you look at people
while you know you are living out the passion.
Little by little I could find in me
no trace of condemnation or forgiveness
of that woman—I only saw
the dim flame smoking in her heart
and the big one inflaming her lungs
and wearing out her voice.
And it would never be enough. Now that I am dying,

dal fondo della fossa è così chiaro
il mondo sembra un buio trapunto
da quel loro desiderio come fuoco
che stanotte sovrappongo al firmamento.
Sento così da qualche giorno ed è un miracolo
se prima del sicario e della palla nella schiena
non mi va in frantumi il cuore
sul calvario di quella Maddalena
la sua voce rotta nella tosse
il sangue di cui non si accorse
che le usciva a un angolo della bocca
la fitta al centro tra i polmoni che trapassa
come una pallottola la schiena e scocca dallo sterno
quel dolore troppo interno suo mio
e Dio si spezza in una moltitudine.
Lei a me dall'alto di quella finestra
e Tu a me dall'alto della sua croce
la sua la Tua la mia solitudine che è nostra
e non si smezza.

from the bottom of this pit it's so clear,
the world seems a kind of darkness spiked
with their desire's fire
which I superimpose against the firmament.
I've been feeling this for a few days now and it's a miracle
that up until the assassin, that bullet in my back,
that my heart was not shattered before then
at the Calvary of that Magdalene:
her words shattered by the cough,
the blood she didn't notice
coming from the corner of her mouth,
the sharp pain between the lungs that pierces
like a bullet in the back bursting from the sternum,
that all-too-internal pain of hers and mine
God fractures into a multitude.
From that windowsill, from her to me,
and from You to me from the height of her cross,
her solitude, Yours, mine, which is ours
and cannot be broken.

NEW JERSEY

*

Un reduce del Vietnam – Aeroporto di Newark, New York, 23:00

Prendere una zappa e scavare una trincea
nel campo addestramento dietro la caserma
o salire su un aereo è indifferente.
La differenza comincio a vederla
quando scendiamo dal cargo
e in senso opposto vedo salire un plotone di bare.
Quasi mi scordo di continuare a camminare.
E così vado in guerra
ricognizione e copertura
quasi sempre pancia a terra
la paura è solo un'altra arma nel mio arsenale.
Mamma mi ha messo nella tasca una preghiera a San Giuseppe
da pregare ogni volta che butta male
e il mio sergente ci ride sopra continuamente
è già al suo terzo tour
ha la pellaccia resistente come cuoio di tamburo
il cuore buono l'anima atea
e una mente ferrea da prima linea.

Boia ladra non ci credo
vuoi vedere che tiro le cuoia
il compleanno di mia madre?
Il diciassette novembre del millenovecentosettantuno
siamo costretti a ripiegare
o non ne esce vivo nessuno.
Migliaia di Charlie si schiantano da nord a ondate
da cento metri avanti sentiamo lo spostamento d'aria

NEW JERSEY

*

A Vietnam veteran – 1975, Newark Airport, New York, 11 pm

To take a mattock and dig a trench
in the training camp behind the tents
or to leave on a plane doesn't make any difference.
But I start to find out the difference
when we disembark the cargo plane
and I see leaving in the opposite direction a platoon of coffins.
I almost forget to keep walking.
And so I go to war:
reconnaissance and cover,
almost always my belly on the ground,
and fear is just another arrow in my quiver.
Mama put in my pocket a prayer to St. Joseph,
a prayer to pray when all turns south.
For this my sergeant mocks me all the time.
Already on his third tour,
his skin is thick like leather on a drum,
with a good heart, a godless soul
and an iron mind forged on the front lines.

Sonofabitch, this just
can't be real: bite the dust
on my mother's birthday?
Nineteen seventy-one, the seventeenth of November
we're forced to fall back or none
comes out alive, not one.
Thousands of Charlies crash from the north in waves.
From a football field away, we can feel the air blaze,

ci arriva in faccia dal fogliame a zaffate
l'afa di un odio senza perdono.
La ritirata va coperta e mi offro volontario.
Il sergente mi striscia affianco
sulla faccia quella pelle tesa come cuoio.
Ce l'hai con te quella preghiera?

Atterro a New Ark alle undici di sera.
Diluvia come in Nam non voglio altro
che abbracciare mio padre
dire a mia madre della sua preghiera.
Ti dico tutto questo non perché io pensi
che la mia pace sia più vera
della pace che tu vivi tra i tuoi incensi
perché ad essere sincero
di pace in me non è rimasta traccia.
Mentre canto l'inno
saluto militare alla bandiera con la mano
permettimi di accogliere
la pace universale che mi sputi sulla faccia
e di confonderla al mio odio al mio passato disumano
a questa terra su cui striscio
tra piscio e lacrime
a questa pioggia che non lava la pelle
come il bianco non leva
il sangue dalle strisce
che assediano quell'angolo di stelle.

reaching through the foliage in gusts,
the heat of hatred without mercy.
Someone must provide the cover, so I volunteer.
The sergeant crawls up beside me,
that skin on his face like stretched leather:
Do you have that prayer?

I land in Newark, eleven at night.
It's pouring like in Nam, and I want nothing more
than to hug my father
and to tell my mother about her prayer.
I'm telling you all this not because I sense
that my peace is more truly
real than your life among incense
because, to be frank,
you will not find in me a trace of peace.
While I sing "O say can you see…"
and salute our banner
allow me to have the manners,
the universal peace that you spit in my face,
and to confuse it with my hate, my inhuman past,
with that land on which I crept
among the piss, the tears I wept,
with this rain that does not wash the skin, and the bars
of white do not erase
the blood from the stripes
assailing that corner of stars.

NEBRASKA

*

Ci sono posti in Nebraska…
i capanni i negozi le case affacciati alla statale
voltano le spalle alla terra troppa vasta
come per paura di quella vista abissale
che la terra un giorno si avveri e diventi mare.
Ciò che passa sulla strada principale è in piena vista
e chi invece cammina in fondo ai campi
attraversa un caldo o un freddo d'inferno
e lo sovrasta una luce o una notte celestiale.
La strada o i campi.
Uno ha sempre questa scelta in Nebraska.
Ma quand'ero ragazzino Rudy il benzinaio
il distributore a due miglia dal paese
con niente a separarlo dal grano eccetto
lo scheletro nero del vecchio granaio
perde la testa e dalla strada
come un pistolero entra a piedi in paese
entra nelle case gridando felice
Perché!
Non lo chiede lo dice
come una risposta.
Tende la mano forse mendica
ma poi ti sposta e capisci che indica dietro di te.
Lo so perché si affacciò anche alla nostra finestra
e lo fece con ciascuno della famiglia
compreso me.
Perché solo perché!
Mentre mi guardava mi sentivo addosso l'ombra
un senso di preda

NEBRASKA

*

There are places in Nebraska…
the barns, the shops, the houses overlooking the highway;
they all turn their backs to a land too vast.
It is as if they fear this earth, this abysmal vista
may come true one day and turn into the ocean.
Whatever passes by the main road is in plain sight,
and whoever walks below the fields out back
goes through hell, cold or hot,
and light or a celestial night dominates him.
The road or the fields:
you always have this choice in Nebraska.
But back when I was a kid,
Rudy, the gas station attendant,
it was two miles from town,
nothing between it and the wheat
but the black skeleton of the old barn —
goes off his nut and comes into town
on foot from the only road like a gunslinger.
He goes into the houses with good tidings:
Why!
He is not asking, he is saying it
as if it were the answer.
He reaches out, perhaps he is begging,
so you are moved and see he points beyond you.
I know because he looked out our window too,
the whole family inside,
including me.
Why, just why!
When he looked at me I felt a shadow come over me.

l'apertura alare di un'aquila rapace
la piena ampiezza appoggiata al vento
e rivelata nel planare.

Quello sguardo esaudito fisso una pace
terribile che non si dimentica.

Doveva essere domenica.
Scomparve insieme alla sua voce
in uno scampanare non ricordo
se della chiesa cattolica o evangelica.

Il mio vecchio mi diceva che in Nebraska
la terra si coltiva ma non si addomestica.
Non basta camminare le sue strade o nel suo abisso.
Devi essere o non essere la sua natura angelica.

I felt like prey
below the wingspan of a hungry eagle
whose full breadth leaned into the wind,
revealed in her gliding.

That gaze fixed on me a strange peace,
terrible and unforgettable.

It must have been Sunday.
He disappeared along with his voice
into bells ringing. I can't quite recall
if the church was Catholic or Evangelical.

My old man used to say that in Nebraska
you can farm the land but you cannot tame her.
It is not enough to walk on its roads or into its abyss.
You must be or not be its angelic nature.

LOUISIANA

*

Due fidanzati viaggiano insieme

Secoli come questi
associano il medioevo al buio.
Secoli come questi
portano ai bayou in Louisiana
a queste case grandi e sporche
con davanti la bandiera americana
e i cortili sul retro pieni di resti
di auto e ossa di animali.
A volte di esseri umani
mi dici seria come la morte.
Secoli come questi portano
a miglia e miglia quadrate di delta
di terra stagnante e semisommersa
a potenti che parlano di questo acquitrino
come se nel terzo millennio non avessimo scelta.
Dal finestrino guardo questa gente che nemmeno
tu capisci che lavoro faccia
che lenta si muove immersa
in qualcosa che non è tempo
e che la mente stenta a comprendere.
Il biondo sudicio e il grigio-azzurro vuoto
nella faccia dei bambini seminudi
non è ghiaccio e non è fuoco
ma una violenta trasparenza
quasi questo cielo grigio-azzurro e senza nubi
gli trapassasse la nuca.

LOUISIANA

*

(A boyfriend and girlfriend are traveling together.)

Centuries like these
they compare the Middle Ages to darkness.
Centuries like these
lead to the bayou in Louisiana,
to these big, dirty houses
with an American flag out front,
and the backyards full of the remains
of cars and animal bones.
Sometimes human,
you tell me serious as death.
Centuries like these lead
to miles and square miles of delta,
its stagnant and half-sunk land,
to the powerful who speak of this swamp
as if in our third millennium we had no choice.
From the car window I look at these people even
you cannot understand—what work they do,
moving so slowly immersed
in something that is not time
and that the mind struggles to hold.
The dirty blonde and the gray-blue emptiness
in the face of the half-naked children
is not ice and it isn't fire
but a violent transparency,
as if this cloudless gray-blue sky
were passing clean through the napes of their necks.

Alla partenza per attraversare le paludi
sorridi a una bambina che saluta.
La differenza tra miseria e povertà non è poca
nello specchietto ancora quella ragazzina.
La miseria strina come il fuoco.
Chiedi sempre perché quando mi dici
che mi ami mi spavento.
Allunghi il braccio fuori il finestrino
come si fa da bimbi aprendo
la mano per sentirla piena di vento.

Se secoli come questi portano in Louisiana
non sono i secoli a portare alla nostra nostalgia
cento anni non pesano quanto questo momento:
anche se le tue memorie non sono le mie
so che adesso è quando devi smettere
di far loro altre domande
così che non possano dire altre bugie.
So bene il loro salir dentro come fumo
che affumica il vetro degli occhi
e non importa quante vie
di fuga impariamo prima di partire.

Non riesci a distogliere lo sguardo
da una grande veranda in lamiera che barcolla
sotto l'atterraggio di un gabbiano.
Non importa che cosa vogliamo.
Tutto ciò che vedi è rassegnazione
alla potenza dell'uragano
mormori tra i denti come citando una scrittura
come per paura di citarla per intera.

Just before our crossing over the marshes
you smile to a little girl waving.
The difference between misery and poverty is no small thing:
yet still there in the rear-view mirror—that little girl.
Misery brands you like fire.
After you tell me you love me,
you always ask me why am I afraid.
You reach your forearm out the car window
like children do, opening your hand
to feel it full of wind.

Though centuries like these lead to Louisiana,
it is not centuries that lead us to our nostalgia.
One hundred years don't weigh as much as this moment.
Even though your memories are not mine,
I know it's now when you have to stop
asking them questions
so they can't tell you any more lies.
I know well their way of pouring out smoke,
clouding the glass of your eyes
and it doesn't matter how many ways
of flight we learn before leaving.

You cannot take yours eyes off
a big sheet metal awning so flimsy it shakes
below the landing of a seagull.
It doesn't matter what we want.
All that you see is resignation
to the hurricane's domination,
you murmur between your teeth as if quoting scripture,
as if afraid of quoting it in full.

Sulle cassette delle lettere ora vedo
soltanto il tuo cognome.
Devo aver svoltato giusto non so come.
Apro la portiera
mentre saluti uno dei cento cugini
sul palato ho un gusto d'alluminio
come ne trasudi l'atmosfera.

Che cosa dice il secolo il progresso
quando imbocchi il tuo vialetto
pozzanghere ovunque quasi fosse emerso
da un lago soltanto per noi.
Che cosa dice il secolo il progresso
mentre guardi le finestre di casa dei tuoi
come fossero gli occhi di un drago
che puoi sconfiggere adesso o mai più
entrandogli nel ventre ed abbracciando la miseria
la sudicia innocenza che non vuoi ma che ti ha messo
al mondo ed ai suoi oceani e al mio amore
senza preoccuparsi della Storia.

On the mailboxes I notice
just your last name now.
I must have turned right I don't know how.
I open the car door
while you wave to one of your hundred cousins.
I can taste aluminum on my tongue
as if the atmosphere exudes it.

What does the century…what does progress say
when you walk into your driveway?
Puddles everywhere as if it had emerged
from a lake just for us.
What does the century…what does progress say
while you look at the windows of your parents' house
like the eyes of a dragon
you can slay now or never
by entering his belly and embracing the misery,
the messy innocence you don't want but that put you
inside the world and into its oceans and into my love
without worrying over History.

ALASKA

*

Hudson Stuck – Sacerdote e primo uomo ad aver raggiunto la cima del Monte McKinley (Denali in lingua locale "Il grande"), la montagna più alta del continente Nord Americano.

Alla fine della strada ci sono le terre selvagge
e può essere ancora un desiderio
l'oro o un'altra risorsa naturale ciò che spinge a inoltrartici.
Ma al di là del selvaggio c'è altro
i paesi artici.
E c'è qualcosa che si deve rivelare
come nello spazio siderale
così su questa terra che chiamano Alaska.
Desiderare non mi basta
e non mi basta il male e il bene
che posso fare
a questo popolo che ha nome Inupiàt
"gente reale".

Quando i cercatori d'oro mi chiedevano dicevo
serio che venivo ad imparare
come fosse possibile amare in quest'era glaciale.
Ed era vero ma è più vero
che un giorno mi sentii chiamare
dopo avere allenato le mie mani a dare
le mie membra a ricevere il mistero
come ali il vento
mi voltai ed era l'ombra del monte Denali
"il grande"
ed ero in lui la terra che si tende al cielo

ALASKA

*

Hudson Stuck – Priest and the first man to summit Mount McKinley (Denali in the local language is "The Great"), the highest mountain on the North American continent.

At the end of the road, there the wild begins,
and gold or some other natural resource
can still be what drives you on.
But where the wild ends,
there begin the Arctic lands.
And there is something that has to be revealed
in the starry heaven above
as on this land they call Alaska.
Desire is not enough for me,
and neither is the good or bad
that I can do
among this tribe called Inupiàt
"the people".

When the prospectors asked me,
I used to say that I came here to learn
how it's possible to love in our Ice Age.
And it was true but is even more true
that one day I heard my calling
after years of training my hands to give,
my limbs to welcome mystery
as wings do winds.
When I turned around, there lay Mount Denali's shadow
"The Great"
and that was me: the earth reaching for heaven

senza più domande e il cielo
che si inarca leggero e senza pietà
il cinguettio micidiale dello sparviero.
Scalai il mio Sinai non per conquistarlo
né per infilarci la bandiera o la croce
non saprete mai che cosa accadde
sulla cima.
Anche se parlo
vi direi cose che da sempre
avete nella voce.

unquestioning, and the sky
arching gently and ruthlessly,
the deadly chirping of the kestrel.
I climbed my Sinai neither to subdue
nor to pierce it with flag or cross.
You will never know what really happened
on that peak.
And anyway, if I spoke to you,
I would only say the things
you have been saying aloud forever.

VERMONT

*

Avvistamento di un fantasma tra West Rutland e Florence

Una chiamata a notte fonda:
è andata in blocco la caldaia di uno a Chippenhook.
Di ritorno prendo Whipple Hollow Road
a destra la distesa di erba alta e di canneti
poi la cava di marmo abbandonata.
Il buio è così pesto
che i coni di luce dei fanali
sembrano così materiali e leggeri
da poterli staccare dall'auto e conservarli in cantina
per poi sfoggiarli in giardino
e lasciare a bocca aperta i vicini a natale.
Mentre faccio sti pensieri da cretino
più avanti sulla strada compare
una luce iridescente.
Mi avvicino rallento abbasso il finestrino.
È una donna in bianco
vestito lungo
sui capelli un velo vecchio stile
ricamato lasciato aperto sulle spalle
senza chiudersi sotto il mento.
L'auto a passo d'uomo le arrivo accanto.
Un volto delicato e distinto.
Mentre ancora cammina
le chiedo d'istinto dal finestrino aperto
Cosa fai tutta sola a mezzanotte in questa strada deserta?
Lei nemmeno si volta.
Posso aiutarti in qualche modo? Insisto.

VERMONT

*

A ghost sighting between West Rutland and Florence

A late night call:
a broken boiler in Chippenhook.
Coming back after, I take Whipple Hollow Road
and to my right, all the tall grass and reeds
and then the abandoned marble quarry.
The night is so pitch black
that the cones of the headlights
seem solid and lightweight enough
I could detach them and store them in the cellar
and then at Christmas time display them on my lawn,
leaving my neighbors speechless.
While I am thinking these silly thoughts,
further down the road
an iridescent light appears.
Getting closer, I slow and roll down the window.
There's a woman in white,
a long dress,
an old-fashioned veil over her head,
embroidered, pulled back on her shoulders
and left untied below her chin.
Almost idling now, I reach her,
her face delicate and distinguished.
She walks along still,
and through the open window I casually ask,
What are you doing out here alone, midnight on this deserted highway?
She doesn't even turn around.
I insist, *Can I help you in any way?*

In qualche modo so che mi ascolta.
La sorpasso e fermo l'auto pochi metri avanti
le apro la portiera guardo indietro
ed è come si fosse dissolta nell'aria.
Non ricordo quanto sia rimasto
seduto nell'auto il motore al minimo
pensando *come ho fatto per un attimo mentre le parlavo*
a dimenticare la luce che irradiava dal suo corpo?
E mi rispondo *È così bella*
che in qualche maniera il lucore che emana
passa in secondo piano.
Ho visto il volto di una stella che cammina
piano tra il maglio del buio senza luna
e l'incudine della terra.
E allora perché non le ho detto questo
una stella non prova gratitudine non parla
perché invece ho cercato di aiutarla?
Perché le ho ricordato la sua solitudine?

Somehow I know she can hear.
I overtake her and stop the car a little bit ahead.
I open the door and look,
but it's as if she vanished in thin air.
I don't remember how long
I sit there in the car, the engine idling,
thinking, *While I spoke to her,*
how could I forget how the light shone from her body?
And I answer myself: *She was so beautiful*
that somehow the light that spread around her
was even second best.
I have seen the face of a star wandering
softly between the hammer of the moonless dark
and the anvil of the earth.
So why didn't I tell her?
A star neither feels gratitude nor speaks.
Why instead did I try to help her?
Why did I remind her of her loneliness?

CALIFORNIA

*

Richard Okumoto – Jazzista Giapponese in Sacramento – West End – Zanzibar Club – 1945

Ma come vi è venuto in mente di chiamarvi Night Hawks
per Dio! Falchi della notte! rido io sbattendo sul bancone
il mio scotch on the rocks
quel poco sopravvissuto al mio brindisi al Giappone.
Ricky che cazzo succede coglione?!
ma non mi serve un diploma in psicoanalisi.
Ricky soffiava Jazz nel suo clarinetto
come fosse cresciuto in una piantagione
per generazioni.
Ricky è Richard Okumoto.
Ma ora ha gli occhi come porte sfondate
da un maremoto innaturale di neutroni
lasciano entrare e uscire il mondo come fosse il mare
e la sua anima una rete lasciata nella risacca.

Per scuoterlo gli mollo uno spintone
ma che senso avrebbe guardarmi con occhi da pazzo
strattonarmi da dietro il colletto della giacca
e spappolarmi il setto nasale sul bancone?
Da un mese cerco di farlo tornare quello di prima
ma non c'è più nessuna ragione nessuna rima.
Neanche un miracolo potrà più far rimare
la parola Sacramento con Hiroshima.
O se è per questo musica con America.
Quando un vento di fuoco di idolatri
brucia vite a fasci come stoppie

CALIFORNIA

*

Richard Okumoto – Japanese jazz musician in Sacramento – West End – Zanzibar Club – 1945

How in the hell did you come up with the name Night Hawks,
for God's sake, I laugh, slamming on the bar
my scotch on the rocks,
the little of it that survived my toast to Japan.
Ricky what the fuck is going on, you asshole?!
but I don't need a degree to know the answer.
Ricky used to play jazz on his clarinet
like he had grown up on a plantation
for generations.
Ricky is Richard Okumoto.
But now his eyes are like doors burst through
by an unnatural neutron tidal wave.
They let the world in and out like the tides,
and his soul is a net forgotten in the undertow.

I give him a nudge to shake him,
but what sense would it make for him to give me the evil eye,
yank from behind my jacket collar,
and break my nose on the counter?
For a month I've been trying to get him back to his old self,
but there's no rhyme or reason.
There's now no miracle that can make the word
Sacramento rhyme with Hiroshima
or, for that matter, music with America.
When a fiery wind of idolaters
burns souls like threshed sheaves of wheat,

quando la patria di fratelli in cui nasci
letteralmente incenerisce la patria dei tuoi padri.

Trova la forza non so come
e prima di salire sul palco dice
Cazzo John vecchio mio sono un falco
non una fenice.
Sorride piano e quel sorriso deve
costargli tutta la nostra amicizia. Poi beve.
Fu l'ultima volta che lo vidi
inizia soffia dentro il clarinetto quasi gli faccia
una respirazione bocca a bocca
ci suona dentro le note che stanno in un soffio e poi silenzio
un altro soffio ed altre note poi silenzio
quasi per forza quasi
non potesse fare altro che un singhiozzo
e si stesse per dissolvere nel vuoto
ora canta un'altra piantagione
ogni respiro è mietuto e buttato nel fuoco
la messe di un corpo
di una generazione
qualcosa che mai si sentì prima e dopo.
Per un attimo mi sento come fossi stato scelto.
Ascolto nascere e morire un jazz diverso
cucito addosso a noi bianchi.
Il futuro di tutti i suoi slanci
lo sopprime lui stesso.

for the homeland of brothers where you were born
literally incinerates the home of your fathers.

I don't know how before going up on stage
he finds the strength to say
John, my old pal, what the fuck, I'm a hawk
not a phoenix.
He gently smiles, and that smile must
cost him all our friendship. Then he drinks.
It was the last time I ever saw him.
He starts to blow into the clarinet almost
a mouth-to-mouth resuscitation.
He blows as many notes as a breath can host,
then silence, another breath, more notes, then silence,
almost as if forced, almost as if
he could not help but sob
and were about to dissolve toward obliteration.
He is playing a new plantation
where every breath is reaped and thrown into the fire,
the harvest of a body,
of a generation,
something never heard before or ever.
I feel like I've been chosen for this occasion.
I am hearing a different jazz born and dying altogether,
composed just for us in the West.
The future of every exultation
he, himself, suppresses.

PENNSYLVANIA

*

A una cosa non credo
alla pericolosissima retorica
che l'unico limite sia il cielo.
Puoi dire ciò che vuoi.
Ce l'ho addosso il maledetto confine
sapere che ti amo
ed anche dopo che l'ho detto
a volte sentirmi così lontano.
E se è vero che in fondo tutto quello che mi serve
lo trovo dentro
dove lo metto questo cuore
che bussa per uscire
che mi tempesta di pugni il petto
quando facciamo l'amore?

Ma voglio prenderti sul serio
se hai ragione
se una cosa non si avvera
se qualcuno non esprime un desiderio
chi ha soffiato un giorno sulle proprie candeline
chiuso gli occhi e dicendo il suo nome
ha immaginato questo filo d'erba
tra i miliardi che vediamo qui sul ciglio del fossato
lungo Shade Valley Road mentre cerchiamo un passaggio?
Papà non era certo un saggio
ma questa l'ha azzeccata veramente.
Non ti senti spossato pensando anche solo vagamente
a questa vastità alla precisione?
Figuriamoci poi se guarderemo le finestre accese intorno

PENNSYLVANIA

*

One thing I don't believe:
the most dangerous rhetoric of all
that the sky's the limit.
Say whatever you want.
I carry the damn limit within me,
knowing that I love you,
and even after I've said it
sometimes I feel so far away.
And if it's true that basically all I need,
I find it inside of me,
where do I put it, this heart
that is beating to get out,
battering my chest
when we make love?

I want to take you seriously though,
if you are right,
if something doesn't come true
unless somebody makes a wish,
somebody who blew out his candles,
who once closed his eyes saying his own name
having imagined this blade of grass
among the billions we see here at the edge of this ditch
along Shade Valley Road where we are waiting for a lift?
Dad was in no way a wise man,
but this guess was spot on.
Don't you feel exhausted just picturing a vision
of this vastness toward such precision?
Let alone if we look at the windows lit up

quando arriveremo a Pittsburgh in stazione
se pensi alle miriadi di persone che dopo un giorno di lavoro
fanno ritorno alle proprie case.

Sono stanco di essere tradito
dalla piccolezza con cui dico le parole.
Prima tra tutte *amore* o *me stesso*.
Perché lo so che anche tra un mese
quando sarai mio marito
mi sentirò solo a volte magari spesso
anche dopo questa fuga dal paese
dalle nostre famiglie bigotte.
Per favore non diciamo *niente* fino a quando
niente non è un dito nella piaga più centrale
ogni secondo biasimo la gente
la sua ristrettezza mentale
ma in fondo lo faccio per tenere a bada
la paura far sì che sia umana
eppure più le do una faccia
più non è lei e si fa lontana vaga.
Non è che non troviamo le parole
la verità è che le parole ci stanno braccando
e la fame che il senso ha di noi mai si appaga.
Basterà per sposarti quel pezzo di carta
che qui non possiamo firmare come gli altri?
Parlo parlo sempre dico:
bellezza non si parla mai troppo spesso
di libertà di scelta di progresso
di credere in me stesso
ma non riesco più a dire queste cose
senza sentirmi in bocca l'amaro di un pretesto.

when we arrive in Pittsburgh at the station,
if you think of the throngs of people at day's end
each returning to each home?

I am tired of being betrayed
by the pettiness with which I say my words.
First of all: *love* or *myself.*
Because I know that even in a month from now
when you are my husband,
I will feel alone sometimes, maybe often,
even after having made it out of town,
away from our intolerant families.
Let us say *nothing* until, please,
nothing will be a finger in the deepest wound.
Every second I blame people,
their narrow-mindedness,
but at the end of the day I do it to keep at bay
the fear, to make sure it is human.
Yet the more I give it a face
the more it doesn't match and the more obscure it gets.
It's not that we can't find the words.
Truth is, the words are hunting us
and their hunger will never be satisfied.
Will that piece of paper (the one we cannot sign
here like the others) be enough to marry you?
I talk and I talk all the time and say: My love,
no one ever talks enough
of free will, of progress,
of believing in yourself,
but I can't any longer say these things
without the bitter taste of some fake apology.

Grido perché voglio l'uguaglianza
tranne la terribile uguaglianza
che ci aspetta appiattata nell'abisso del silenzio.
Per questo parlo sempre troppo presto
per sparare in volo al senso
prima che scenda in picchiata.

I cry out because I want equality
but not the terrifying equality
awaiting us wedged in that stifled abyss.
This is why I always too quickly speak:
in order to shoot down meaning
before it can plummet with its beak.

KANSAS

*

Amelia Earhart

Quando dite *la mia terra*
o pensate alla vostra infanzia
la memoria è un'automobile
che sfanala nel buio del tempo
una luce quasi sempre orizzontale.
Ed è ancor più facile in Kansas.
Da questa casa su quest'ansa al di qua del Missouri
guardi l'entroterra come un pugile
messo alle corde dalle pianure
spalle al fiume.
Migliaia di miglia quadrate di grano e girasoli.
Eppure ho sempre avuto fame
della vista che hanno i passeri
i falchi gli avvoltoi.
Alti nella terza dimensione.
A vent'anni hai già visto tutto.
Perché hai vissuto il desiderio assoluto
e la sua frustrazione.
Lo spizzico o il boccone
di ogni tempo e luogo.
A vent'anni hai già visto ogni generazione
la loro solitudine muoversi nel vuoto
di latitudine e longitudine
dal punto A al punto B.
"Farai qualcosa di tutta quest'altezza?"
tra mille domande questa è la sola
in cui il cuore mi si spezza

KANSAS

*

Amelia Earhart

When you say *my land*
or when you think of your childhood,
memory is a car
that flashes in the darkness of time
a light almost always horizontal.
In Kansas it's even easier to see.
From this house built on this bend of the Missouri
you look inland like a boxer
and the plains have you up against the ropes
of the river.
Thousands of square miles of wheat and sunflowers.
And still I have always been hungry
for that perspective of the sparrow,
the hawk, and the vulture,
all climbing and diving into the third dimension.
By twenty, you have already seen it all
because by then you have lived pure longing
and all that frustration.
The flotsam and jetsam
of every place and time.
By twenty, you have already seen every generation,
their solitude moving through the void
of latitude and longitude,
from point A to point B.
"Will you make something of all these heights?"
Among thousands of questions, this is the only one
where my heart of stone is made flesh

di paura e risponde di sì.
Voglio l'ora in cui sorrido e il mio sorriso
sarà la nostalgia la dismisura della storia.
Educa il cuore all'universo sfiancalo di pianura
e strappalo da terra e lancialo nell'aria di traverso
al ciclo avvolgente della notte e del giorno
con tutta la forza necessaria e sia pronto
a non fare ritorno.

and answers yes.
I want the hour when I will smile, and that pleasure
will be nostalgia beyond history and its measure.
Teach your heart the universe, plain-breathless,
then tear it from the ground and toss it skyward
against the strangulating cycle of day and night
and steel yourself to never return
with all your might.

CONNECTICUT

*

Fairfield county, Bridgeport, Little Italy, 1930 – Proibizionismo

Gli Italiani non piacevano a nessuno
fintanto che il governo ci lasciava bere.
Che adesso Dio benedica Little Italy il quartiere
dove pigiano l'uva nelle case.
Per imboccare Madison Avenue trovi mille scuse
e appena ci arrivi annusi l'aria dilati i polmoni
quasi sulla strada ci fosse un'infiorata di rose
e ne esci che quasi non ragioni.
Dio benedica questo popolo immigrato nel North End
e il cattolicesimo d'importazione.
In pieno diciottesimo emendamento
si contano ventiseimila galloni di vino comprato
per farne Santissimo Sacramento.
Comunque veramente non capisco
che cosa sperasse il parlamento.
Ma davvero anche il liquore
che ha scelto Gesù Cristo?!
Adesso anch'io lo dico è così chiaro il paese
non è mai stato abbastanza provvisto
di Sangue del nostro Salvatore.
Il trenta fu un anno mai visto
l'anno di una trasfusione a livello biblico.
Ironico che siano i protestanti
che mi abbiano convinto a dire il credo
di Santa Romana Chiesa etilica.
Non importa se mi trovo dentro a un fondo di bottiglia
o a camminare in bilico

CONNECTICUT

*

Fairfield county, Bridgeport, Little Italy, 1930

Nobody used to like the Italians
until the government wouldn't let us drink.
Now may God bless Little Italy
where they crush grapes in their homes.
There are a thousand excuses for walking down Madison Avenue,
and as soon as you arrive you smell the air and breathe in deep
as if there is an explosion of roses on the street,
and when you leave you've almost lost your mind.
These North End immigrants, God bless them
and their imported Catholicism.
In the midst of the eighteenth amendment,
we bought twenty-six thousand gallons of wine
to perform the Holy Sacrament.
Honestly, I just don't get
what the lawmakers could think.
Really?. Even the drink
that Jesus Christ had made?
Now I also have to say this country
clearly was never given enough
of the Savior's blood.
1930 was a year like none before,
the year of a transfusion of biblical proportions.
Ironic that it was the Protestants
who convinced me to recite the creed
of Our Alco-Holy Roman Church.
I don't care if I find myself at the bottom of a bottle
or walking my balancing act

su un marciapiede largo due metri
tendendo le braccia a mia figlia
o a trafiggermi le mani con i vetri
di un bicchiere che ho stretto con troppa voglia
o alzarmi vacillando sulle cinque di mattina
perché una sete più forte dei sogni mi soffia sulle ciglia.
Bevo adesso come prima
e come prima non mi basta
non è che mi disseti.
Ora però ti so il vangelo come le mie tasche
faccio il chierichetto a non so quanti preti
mando a memoria gli orari di messa di tutte le chiese
e vedo con gli occhi del Signore questo cazzo di decreto
parlo la Sua voce il suo pensiero è il mio pensiero quando chiese
da bere sulla croce e gli diedero aceto.

down a six-foot wide sidewalk
holding my arms out to my daughter,
or stabbing my fingers with the shards
of a glass I clenched with too much want,
or staggering awake at five a.m.
when a thirst stronger than dreams blows on my lashes.
Now I drink like I did back then.
And like back then, it's never enough.
It's not the drink that satisfies.
But now I know the gospel by heart
and I'm an altar boy to I-don't-know-how-many priests,
and I memorize the times of every church's mass,
I see this goddam prohibition with the eyes of our Lord
and speak with His voice, His thought my thought, when he asked
for something to drink, and they gave him what had soured.

FLORIDA

*

Un operaio al Seven Mile Bridge, dipendente di Henry Flagler

Quando assumevano
a parte la paga dicevano
che il principale era cieco ma vedesse
un'era futura.
Ora sfida l'oceano ma in passato
ha tramutato la Florida da miglia e miglia
di lurida palude in luogo di villeggiatura.
Noi lo guardiamo con meraviglia
ma siamo solo poveracci
sappiamo già che ci si sveglia.
Ci dice il vecchio cieco
morente e milionario che ha bisogno
di noi perché siamo le sue braccia e i suoi occhi.
Fa forza sui ginocchi si alza dalla sedia
e ci chiede se vogliamo dare al sogno americano
il corpo di un ponte lanciato all'orizzonte
tra le isole.
La risposta è la ferrovia la ferrovia! Dice debole
puntando il dito all'invisibile Key West
e poi se ne va via con le iridi spente
ma umide di lacrime.
Complimenti al vecchio noi invece siamo gente
che quando dice "mio"
pensa a poco più che a lividi e lacrime
e senza convinzione a nostra moglie e a Dio.

Lasciate che vi dica cosa accade al ritorno

FLORIDA

*

An employee of Henry Flagler, working at Seven Mile Bridge

When they hired me they told me
(besides what the weekly pay would be)
that the old man was blind but he could see
the future.
Now he takes on the very ocean, having already
turned Florida's miles upon miles
of filthy swamp into a holiday resort.
We look at him as if at a marvelous dream,
but we are just the poor
who know we leave a dream behind.
The old and dying blind
millionaire says he needs us
because we are his arms and his eyes.
From his chair, he strains his knees to rise
and asks if we want to give to the American dream
the body of a bridge launched to the horizon
among the islands.
The answer is the railway, the railway! he says weakly,
pointing his finger toward invisible Key West,
and then he walks away, the light of his irises spent
and wet with tears.
You have to give it to the old man, but we're unrefined
so when we say "mine",
we think of little more than bruises and tears
and half-heartedly of our wives and of God.

Let me tell you what happens on our way back

da questa fatica che di visione ha poco o niente.
Ci sediamo su kilometri cubi di cemento tedeschi
e poi dividiamo la cena col nostro caronte.
È un barcaiolo delle isole Kayman
che ogni sera insiste che parla inglese
e poi mi punta il dito contro e semiserio urla *Americano!*
e con fare solenne mi condanna a morte
si passa un dito sulla gola da parte a parte.
Ridiamo insieme poi mangiamo
lui guarda spesso nell'Atlantico e beve
poi nel Mississippi e beve beve
come bevesse un nemico.
La moglie e cinque figlie cinque
morte qui in un'alluvione.
Il vecchio cieco la visione
non dà solo ma toglie
prende estingue. E per un attimo il dolore
del barcaiolo è il mio ed è quasi avesse
un volto e sangue anche Dio.
È da mesi che gli parlo per capire
se sono più contento perché la paga è decente
o perché in realtà l'America è sto ponte
lanciato all'orizzonte
questo sconosciuto amato da sempre.

from our exhausting work of next-to-no vision.
We sit on a wide swath of German concrete,
sharing dinner with our own Charon.
From the Cayman Islands, he is a boatman
who every night insists that he can speak English,
and then he points his finger at me
half-seriously shouting *American!,*
with an oath condemning me to death,
running a finger sideways across his neck.
We laugh together, then we eat.
Often he gazes out into the Atlantic and drinks,
then the Mississippi and drinks drinks
as if he drank a rival.
His wife and five daughters (five!)
died there in a flood.
The old blind man's vision
not only gives but takes away, takes
entirely. And for a moment the ache
of the boatman is mine, and it is as if even God
for a moment has a face and blood.
I've been talking to him for months to figure out
if I am happier because the pay is a cut above
or because America is this bridge sent
flying into the distance.
This stranger I will always love.

MICHIGAN

*

Ho messo dollari da parte per anni
per non avere scuse.
Se domani non mi sveglio presto
se non esco in retromarcia dal vialetto
se non abbasso il finestrino
e non alzo il dito medio al vicino sorridente
se per un secondo almeno non gli tolgo
quel cazzo di sorriso dalla faccia
mentre esco per sempre con calma
dal ridente quartiere di Miami Lakes
da quel monotono tripudio di palma
e giardinaggio vuol dire
che non ne ho mai avuto il coraggio.
E invece ce la faccio era un quindici febbraio
imbocco l'interstate settantacinque
che inizia per caso a un minuto da casa mia
come una strada qualunque
dal raccordo in Hialeah.
È una di quelle strade che vai dritto e attraversi l'America.
Resti solo e l'anima diventa più epica
e più distanza copri più il pensiero
non pensa e si apre alla tolleranza.
Ho letto in una guida al nuovo sogno Americano
che quando vivi questo tipo di avventura
le prime a morirti nella mente sono le domande
incontri così tanta gente che addirittura smetti
di avere paura.
All'inizio il desiderio era quello
di un podcast diario di viaggio

MICHIGAN

*

I've been saving up for years
to be a man with no excuses.
If I don't wake up early tomorrow,
if I don't get out of my driveway,
if I don't roll the window down
and I don't flip the bird to my smiling neighbor,
if for a second at least I don't wipe
that fucking smile off his face
as I depart forever so quietly
my charming neighborhood of Miami Lakes,
its monotonous riot of palm trees,
it will mean that I never had the guts.
Somehow I manage to do it. February 15,
I take I-75,
which is just a minute from my house
like just about any road
from the junction in Hialeah.
It's one of those roads that cuts straight through America.
You remain alone so your soul becomes more epic,
and the more distance you cover, the more your thoughts
stop thinking and open up to tolerance.
I read it in a guide to the new American dream:
when you live this kind of adventure
you no longer need to ask yourself questions,
you meet so many people
that you just stop being afraid.
At the beginning the desire was
to make a travel podcast out of it,
I'm doing Florida, Georgia, Tennessee, Ohio.

mi faccio Florida Georgia Tennessee Ohio.

Ma il bello doveva ancora venire
avrei dovuto saperlo
che il bello non ha niente a che fare
con coraggio o tolleranza con la gente
con le mie emozioni del cazzo
e il mio desiderio di essere buono.
Quando arrivo alla scritta *Welcome to Pure Michigan*
non sono un uomo sono ancora un ragazzo
ma almeno sono triste perché al di là del freddo micidiale
so che questo è l'ultimo stato che mi resta
prima dell'inversione di marcia.
E come spesso accade la tristezza
se la senti prende faccia
mi si solidifica negli occhi
prima nel degrado spettrale di Detroit
migliaia di case bruciate o crollate nei quartieri
poi la vedo in piedi sotto forma di un caucasico
sui settanta barba bianca e un cappello da baseball
sta guardando addolorato l'immensa moschea di Dearborn
mentre distratto stende un braccio dal ciglio della strada
per chiedere un passaggio.
Non so se sia questione di coraggio e tolleranza
di compassione per la fitta nevicata l'inverno…
credo sia più la somiglianza indescrivibile
tra lui e la mia tristezza.
Accosto al marciapiede mi fermo.
Upper Peninsula? mi chiede.
Annuirei a chiunque pur di rimandare il ritorno.

But the best was yet to come.
I should have known
that the best has nothing to do
with courage or tolerance, with people,
with my fucking emotions
or my desire to be good.
When I reach the sign *Welcome to Pure Michigan*
I'm not a man, I'm still a boy,
but at least I'm sad because, besides the deadly cold,
I know that this is the last state I have left
before turning the car around.
And, like sadness often happens,
if you feel it, it takes on a face,
it solidifies within my eyes:
first among Detroit's ghostly degradation -
thousands of houses burned or collapsed in the neighborhoods -
then I see it standing there in the form of a white man
in his seventies with a white beard and a baseball hat
painfully looking up at the immense mosque of Dearborn
while he puts out his arm from the side of the road
trying to hitch a ride.
I don't know if it is a matter of courage and tolerance,
of compassion for the heavy winter snow...
I think it is more the indescribable likeness
between him and my sadness.
I pull to the shoulder and stop.
Upper Peninsula? he asks.
I'd nod to anyone just to postpone the return.

I couldn't go in,

Non sono riuscito ad entrare
questa e l'unica cosa che dice tutto il giorno.
Non a me sta solo pensando ad alta voce.
Nonno stai parlando della moschea?
Vorrei trovare il modo di farlo felice.
Che cosa volevi fare? E per la prima volta mi risponde
o forse soltanto balbetta la parte finale
della stessa frase *...entrare...entrare.*
Di dove sei? gli chiedo e questa volta sono certo
mi rivolge la parola
perché si toglie il cappello da baseball
risponde con una domanda *Crystal Falls?*
e poi estrae una pistola.
Nessun problema nonno gli rispondo
ti porto a casa.
Il fondo della strada si fa sempre più gelato
la bufera di neve ha smesso
perché siamo qualche grado sotto zero.
Tutto un altro tipo di avventura penso.
Sì lo penso col pensiero.
Penso ai miei vicini scemi al mio quartiere.
Mi passa davanti agli occhi tutta la vita
e mi accorgo che è la vita che ho a Miami
al di qua del raccordo.
Domande ne ho così tante che la mente
non sa più dove metterle.
Ogni percorso mistico è andato a farsi fottere.
Dopo quattro ore arriviamo in paese e ricomincia a nevicare.
Ma mi fa cenno di proseguire.
La pianura va in colline
le colline nel Blue River al confine

that's all he says.
It's not for me. Just thinking out loud.
Pops, you talking about the mosque?
I'd like to find a way to make him happy.
What did you want to do? And for the first time he answers me,
or maybe just the final part stutters
on that same sentence *...go in ...go in.*
Where are you from? I ask him and this time I'm sure
he speaks to me
because he takes off his baseball cap.
He answers with a question: *Crystal Falls?*
And then he pulls out a gun.
No problem grandpa, I answer him.
I'll take you home.
The road surface gets more and more frozen.
The snowstorm has stopped
because we are a few degrees below zero.
This is a whole other kind of adventure, I think.
Yes, I think it in my head.
I think of my stupid neighbors back home.
My whole life passes before my eyes,
and it's the life I have in Miami, I suddenly realize,
on the other side of the junction.
I have so many questions that my mind
no longer knows where to put them.
Each mystical path has gone to hell.
Four hours later we arrive in the town. Again, it's snowing.
But he signals me to keep going.
The plain turns into hills,
the hills into the Blue River at the border
with Wisconsin and the Nicolet National Forest.

col Wisconsin e la Nicolet National Forest.
A questo punto non c'è altro che biancore
cade tanta neve che riesco a scorgere appena
la prima linea degli alberi
come ali spaventose di angeli.
Mi fa segno di accostare.
Non sono riuscito ad entrare ripete
Non sono riuscito ad entrare è ancora triste.
Scende chiude la portiera e da fuori mi grida
Non ho avuto il coraggio! ma mi sfugge la ragione
per cui ora sorrida in quella bufera
e mentre si incammina:
Ma prima o poi qualcuno eseguirà la sentenza!
Con la pistola ancora in mano mi saluta
s'inoltra dentro quella stagione assoluta
tra angeli incappucciati come bianchi boia
dentro questa incandescenza che lo ingoia.

At this point there is nothing but a whiteout,
so much snow is falling that I can hardly see
the first line of trees
like the terrifying wings of angels.
He gestures for me to pull over.
I couldn't walk in, he repeats,
I couldn't walk in, still sad.
He gets out, closes the door, and screams at me,
I didn't have the courage! But I don't get it
when I see his smile in that storm.
As he's walking away, he says:
Sooner or later someone will execute the sentence!
He waves goodbye with the gun in his hand,
then walks into that absolute season
among angels hooded like white executioners
and into this incandescence that eats him.

SOUTH CAROLINA

*

Assedio di Charleston July 18, 1863 – September 7, 1863

Ma come puoi vedere dai miei occhi?
Dovresti lasciar stare per un attimo gli schiavi.
Fondammo il porto dei porti
una lingua di terra serena che mormora navi
da una bocca di penisole socchiuse.

Ma poi l'amico Lincoln ci fa guerra
ci manda contro una flotta di navi vuote
ad ingolfare il porto e la mia terra
che è anche fondale le inghiotte.
E poi viene il rombo dei cannoni di Gillmore
per disintegrare il forte come fece in Georgia
ma Fort Wagner lo si fece colla terra
che amiamo la sabbia che assorbe ogni colpo
e non si scheggia come il mattone di Savanna.

Prova a metterti nei miei panni.
Cosa penseresti se il mare e la terra
che sono la tua nazione
si ergessero a difenderti in guerra?
Ti dico io cosa avresti nel cuore
un battito che accelera più forte di ogni orrore.
Mosè mentre alza il suo bastone
i suoi timpani assediati
da dentro il battito cardiaco di un passero
e fuori ai lati il tuono delle acque.
E ad ogni passo l'abisso gli conferma

SOUTH CAROLINA

*

Siege of Charleston July 18, 1863 – September 7, 1863

But how could you see with my eyes?
For a minute, leave off about the slaves.
We founded the port of ports
on a tongue of tranquil land that murmurs ships
from a peninsula of half-open lips.

But then our good friend Lincoln wages war against us
with a fleet of empty ships
to engulf the port, but our land
along the coast would swallow them.
Then the rumble of Gillmore's cannons came
to disintegrate the fort the way they did in Georgia.
But Fort Wagner was made with the land
that we love, the sand that absorbs every blow
and doesn't splinter like Savanna brick.

Try to put yourself in my shoes.
What would you think if the sea and land
that make up your own nation
stood up to defend you?
Let me tell you what you'd have in your heart:
a drum beat that accelerates faster than any fear,
like Moses when he raised his staff,
his eardrums pounding:
from within the heartbeat of a sparrow
with the thunder of the waters on either side.
And at every step the abyss confirms to him

la promessa che per lui solo per lui
sarà terra ferma.
Fu la prova che ci piacque ciò che a Dio piacque.
Dimentica gli schiavi la Storia
se avessimo vinto non avrebbero potuto
passare un secolo a convincerti
che non fu un miracolo quella vittoria.

Ma benché questa mia fede e questa sabbia
allora mi resero invulnerabile
ora sono appena più pesante
della foschia dell'alba che indora la mia lapide
lasciato qui sopra un sentiero sulla linea della mano
del sognante Cimitero di Magnolia.
Tutto è così lontano così poco importante.
Ora forse basta il sole a farmi evaporare
e questa goccia di rugiada sulla quercia secolare
pesa certo più di me e della mia storia.
E sento su non so quale fondo
che mi cerca una gloria più innata e struggente
come fossi ricordato da un ricordo
più forte di ogni mia memoria.
Ed ho paura che in realtà nemmeno allora
la vera gloria fosse in me nel mio Mar Rosso
avere l'ultima parola.
Così infinito ciò che sono e non posso.
Questa goccia di rugiada il suo peso
è traccia dell'abisso in cui ancora cammino
che è ancora sospeso sul mio destino.
Ora che se tocco l'erba mi trafigge
non sento più il bisogno di sconfiggere

its promise: for him and only for him
it would be firm land.
It was proof that we liked what God liked.
Forget the slaves, forget History.
If we had won, they could not have
spent a century convincing you
that that victory was not a miracle.

But though this faith and sand of mine
made me feel invulnerable then,
now I'm just heavier
than the mist of dawn that gilds my tombstone
left along a path that cuts like a heart-line on the palm
through the dreamy Magnolia Cemetery.
Everything is so distant now, so unimportant.
Maybe now the sun's enough to make me evaporate,
and this drop of dew on the old oak tree
without a doubt weighs more than me and my story.
And I feel, from who knows what depth,
something seeks me, a glory more innate and ardent
as if I were remembered by a memory
stronger than all my own memories.
And I'm afraid that the true glory back then
was actually not in me, in my Red Sea,
not in having the last word.
So infinite what I am and cannot achieve.
This drop of dew, its weight,
is a vestige now of the abyss I walk,
that still dominates my destiny.
Now if I touch the grass, it pierces me.
I no longer feel the need to defeat

la Storia col miracolo.
Sono una vista così vasta
mi sento così piccolo.
Ho tanta paura di confondere
il pascolo di Dio col mio dissolvere
sentire il mio cuore di passero prendere il volo
il tabernacolo delle acque richiudersi
lasciarmi solo.

History with a miracle.
I am a view so vast,
but I feel so small.
I'm so afraid of confusing
God's pasture with my own dissolution,
of feeling my sparrow heart take flight,
the tabernacle of the waters closing again
and abandoning me.

NORTH CAROLINA

*

Hidden Valley Kings – Gang in Charlotte

Una notte nel mio antro
mi sono tatuato sulla schiena un tronco morto.
Non so quale merda mi fossi sparato nel braccio.
Hidden Valley ha una quercia come emblema
il suo fogliame folto e secolare.
Ma faccio il cazzo che mi pare.

Ci sono poche strade per entrare nel quartiere
e due modi di uscirne. Per uscirne
sei come noi una nera star o Tryon street
dritto all'obitorio in una sacca di nylon.
Le strade hanno nomi di favola
sembrano uscite da una storia
di Walt Disney entri da Cenerentola
e se non hai le carte in regola
non hai il tempo di arrivare a Biancaneve.
Se arrivi fino a Foresta Nascosta
ti chiudiamo su Dawn Circle.
A casa non ci torni ma in compenso
parleremo di te per qualche giorno
sarai degno
avrai l'assenso del regno.
Il regno è queste poche vie di uscita
questa continua rete di recinti
che sfrangiano un prato che sarebbe immenso
unico sul retro delle case. Scavalco
e sono in tutt'altro luogo.

NORTH CAROLINA

*

Hidden Valley Kings – Gang in Charlotte

One night back in my lair
I had a dead tree trunk tattooed on my back.
I don't know what shit I had shot in my arm.
The emblem of Hidden Valley is an oak,
its foliage thick with centuries of growth.
I do what the fuck I want.

There are a few ways to enter our hood,
and only two to get away. To get away
you're a black hole like us…or Tryon street:
straight to the morgue in a body bag.
Our streets have fairytale names
that seem like they came from a story
by Walt Disney. If you turn onto Cinderella Road
but you don't have your shit together,
you won't have time to get to Snow White.
If you make it to the Hidden Forest
we shut you down on Dawn Circle.
You never make it home, but to make up for it
we'll talk about you for a few days.
And our opinion:
you were worthy of our dominion.
The kingdom has these few ways of escape,
this continuous network of fences
that are shredded along an immense lawn
behind each house. You climb over
and you're in a completely different place.

Passaggi segreti e scorciatoie ovunque
e i blu col cazzo che aprono il fuoco.
Che sia un bambino oppure un uomo
sono un re nero armato di kalashnikov.
La gente mi sogna
mentre gli mastico la schiena come un licantropo.

Eppure poco prima di dormire
o ogni tanto sotto qualche psicotropo
o appena prima di svegliarmi penso
un pensiero che mi penetra e che uccido
appena posso come ogni straniero.
Non oso dirlo ad alta voce
ma a volte la Valle
me la sento più che tatuata addosso
mi si è inchiodata alla carne come una croce.

In qualche modo quel pensiero
dev'essermi scappato in piena notte
almeno una volta
sfonda la porta entra in salotto
mi pianta una pallottola in fronte
poi corre in auto ed esce dal quartiere
e continua a Nordest fino agli Outer Banks
l'oceano chiuso da una striscia di terra
così nera che mi sento anche più nero di me stesso
un nero micidiale la pantera
che nemmeno puoi distinguere dal buio.
Non guarda in mare aperto il mio pensiero
scruta la laguna l'entroterra
mentre l'alba spegne la luna e le stelle e mi sale

Secret passages and shortcuts everywhere,
and the cops sure as shit won't open fire.
Whether child or grown-ass man,
I am a black king carrying a Kalashnikov.
People dream about me
chewing on their backs like a werewolf.

Yet right before I fall asleep,
or now and then under some psychedelic,
or just before I wake, I think
a thought that goes through me, and I kill it
as soon as I can, like I might any outsider.
I don't dare say it out loud,
but sometimes the Valley's tree
feels more than just tattooed on me.
More like it's my own crucifixion.

Somehow that thought
must have escaped me in the middle of the night.
All it took was one
breaking down the door to the living room
to put a bullet in my forehead,
then driving away beyond the neighborhood
northeast all the way to the Outer Banks.
The ocean's cut off by a black strip of land
so I, myself, feel black but blacker,
a deadly black panther
indistinguishable from the darkness.
My thought, he does not look at the open ocean.
He looks hard at the interior, the lagoon,
while dawn turns off the stars and moon

da dietro sul North Carolina
e insieme a lei mi brulica lungo la spina dorsale
un'emozione da perdente quasi romantica.
Questa scura guaina di terra è troppo sottile
per non assomigliare al buio di cui è fatta la mia pelle.
Sento la fine alle mie spalle
un fiato di luce Atlantica.

and climbs up from behind over North Carolina.
And with it, some lesser emotion
climbs up the middle of my spine, almost romantic.
This dark sheath of dark earth is too thin
not to resemble the dark of my skin.
Behind me I feel the end,
a breath of light from the Atlantic.

NEVADA

*

Route 375 vicino all'Area 51, a ridosso dell'area off limits di Groom Lake

Dall'alto di Freedom Ridge io e Jack
guardiamo ad ovest verso Groom Lake
che dal nome dovrebbe essere uno specchio d'acqua
e invece è un immenso bacino di sale.
Gli occhi nel binocolo o nel cannocchiale
gli orecchi sempre aperti
come sempre sull'orlo della scoperta finale.
Tutti sappiamo che scendere
dal lato sbagliato di questa montagna sarebbe fatale.
L'arresto o chissà cos'altro.
Facciamo il fattibile.
Ci consideriamo una forza paramilitare
sdraiati pancia a terra sulla cima di questa dorsale
in mezzo al deserto del Mojave.
Ci troviamo in piena America in Nevada
eppure puntare il cannocchiale in quella direzione equivale
a un atto di sfida guardare all'esterno
in una storia che ha già fatto tanto male.
Non dico tanto gli ufo ma la scoria nucleare.
Senza un contratto blindato del governo
nessuno mette piede nell'Area Cinquantuno.
È il colmo che andare già di poco verso sud
Las Vegas la città del peccato
basti a farmi sentire più al sicuro
l'aureola di luce così strafottente ed umana
l'azzurro raggio laser che la piramide del Luxor
spara in perpendicolare

NEVADA

*

Route 375 near Area 51, by Groom Lake restricted airspace

From the top of Freedom Ridge, me and Jack
look west toward Groom Lake
which, considering the name, should be a big mirror of water;
instead it's a vast salt crater.
Our eyes in the binoculars or in the scope,
and our ears always open,
as always on the verge of revelation.
We all know that a descent from
the wrong side of this mountain would mean incarceration,
would be fatal, or who knows what.
We do the doable.
We consider ourselves almost paramilitary,
lying on our bellies on the top of this ridge
in the middle of the Mojave.
We are in the middle of America, in Nevada,
but to point the telescope in this one direction
is equivalent to an act of defiance, a vantage
beyond, yet into a tale that's done a lot of damage.
I'm talking nuclear waste, not alien abduction.
Without a non-disclosure agreement
nobody sets foot in Area Fifty-one.
From this peak, just slightly to the south.
Las Vegas, sin city,
is enough to make me feel safer:
its glowing halo so arrogant, a pity,
and the Luxor pyramid's blue laser
shooting straight into the sky is

come un faro traente da guerra stellare.
Ma ti passa la voglia di fantasticare
mentre sei sdraiato pancia a terra e si fa notte
e il deserto senza cerimonie
ti calcia nel ventre trenta gradi d'escursione termica.
Il fondale desertico di argilla bianca
prima si ammanta di rosso
poi se lo strappa di dosso disinvolto
ma marziale come un torero.
Jack neanche mi guarda
perché ormai quasi ci leggiamo nel pensiero.
Il buio scende a mo' di ghigliottina o di un sipario.
Sono stufo di tutto sto mistero dice Jack.
Si toglie gli occhiali da sole
gli occhi truci di un sicario
fissi in qualche punto tra il cielo e la terra.
Non ha più l'aria di una vedetta
non è più un volontario
e quella non era una frase
ma una dichiarazione di guerra
o di vendetta.
Tutte le cose che mi vengono da dire sanno di scuse.
Prende un minuto per parlare con sua moglie al cellulare
accende il pick-up a luci spente e guarda verso la base.
Prima che se ne vada mentre lo saluto
punto la torcia al paraurti assediato dal buio assoluto
e vedo la bandiera del Nevada con la frase
"Tutto per il nostro paese".
Lo vedo scendere il crinale nella notte fuori strada
nel buio dell'area Cinquantuno.
E dall'interno di quello che allora chiamavo mistero

like a Star Wars tractor beam.
But you lose the urge to fantasize
while you are lying on your stomach and night falls
and the desert's thirty degree drop,
without putting on airs, kicks you in the balls.
The desert's white clay backdrop
first cloaks himself in red
then takes the cape off his shoulders
heroic as a toreador.
Jack doesn't even look at me.
We read each other's thoughts almost.
The darkness drops its curtain like a guillotine.
I'm sick of all this mystery, he says.
He takes off his sunglasses,
the grim eyes of an assassin
fixed somewhere between heaven and earth.
He no longer looks like a man on a mission,
no longer militia,
and those were not just words,
but a declaration of war
or revenge.
All the things I want to say sound like excuses.
He takes a minute to talk to his wife on his cell,
starts the pickup (headlights off), and looks towards the base.
Before he leaves I wave,
and I point my flashlight at his bumper in the dark
so I can see the Nevada flag with the slogan
"Everything for country".
I see him go down the ridge into the night, off-road
through the dark of area Fifty-one.
What I then called mystery, from within

che ora chiamo magistero del potere
vedo luci predatrici accendersi da luoghi insospettabili
braccare il punto di buio che è Jack
il suo cuore che accelera
che non sa ma ora incarna
il mistero che venera.
Da allora so che il mistero non è un'area
tenuta segreta ma un'arma assoluta.

Il mistero è destino. È un sì. Non un se.
Un sì che molti dissero prima di te.

what I now call the magisterium of power,
predatory lights flash on from unexpected places
to hunt down the dark invisible spot that is Jack
where his heart accelerates
and does not know but now has become
flesh of the mystery he venerates.
Since then I know that mystery is not some
secret area, but an absolute weapon.

Mystery is destiny. Not if, but yes.
A yes that many men have said before us.

IDAHO

*

Silver Valley Veterans Memorial, all'angolo tra Hill Street e Railroad Avenue

Porto in me davvero troppa terra
e troppo oceano.
Ma voglio amare tutta la mia gente.
Sei Americano mi dicevano
perché credi nella costituzione
ma in me non posso rimediare a una nazione-continente
il cui battito cardiaco passa a un tempo
lungo arterie titaniche di fiumi
e delta capillari di riti familiari
avvinti al focolare ed ai suoi numi.

La bibbia qui in paese non ha niente di obsoleto
è un manuale di istruzioni
l'antico testamento ce l'ho nella carne.
Rendo quotidiana testimonianza
a faglia folgore e uragano
e raramente so che farne.
Ma so che ad essa è legata la mia ossessione
di leggenda di superumano.

Non posso dirlo ad alta voce
ma abbiate pietà della mia sete
quando scriverete USA.
Il memento che il paesaggio
ci ha messo dentro si avvera.
Ricordati che polvere sei
e polvere ritornerai.

IDAHO

*

Silver Valley Veterans Memorial, on the corner of Hill Street and Railroad Avenue

I carry too much dirt in me
and too much sea.
But I want to love all my people.
You're American, they told me
because you believe in the Constitution,
but I cannot help this nation-continent in me
whose heartbeat flows in rhythms
with titanic arteries of rivers
and the delta capillaries of family traditions
bound to the gods of the hearth.

The Bible's not obsolete out here in the country.
It's an instruction manual,
the Old Testament in my heart.
I bear daily witness
to earthquake, lightning and blizzard,
and I rarely know what to do with it.
But I know that my obsession
is linked to divinity and legend.

I can't say it out loud,
but have pity on my thirst
when you write USA.
The testimony that the land
drove into us comes true.
Remember you are dust and
to dust you shall return.

dite una preghiera Dio benedica
la mia vita così avvinta a questa terra
e avvolta in questa bandiera
ogni striscia d'orizzonte bianca di deserto
ogni striscia rossa di sangue e ogni stella
in questo angolo di cielo alto e aperto
in cui l'anima comprende il proprio spazio
e il cuore zoppica infermo al suo centro.
E ubriachi di America e soli con la nostra sete
viviamo l'inverno del nostro scontento
e l'epica che ad est più non sapete.

Say a prayer: May God bless
my life so tied to this earth
and so wrapped up in this Old Glory:
every strip of horizon white with deserts
every red streak of blood and every star
beneath this high corner of sky
where our soul understands its own size
and our heart limps feebly at its center.
And drunk with America and alone with our thirst
we live out our discontented winter
and the epic that you in the East have lost.

WISCONSIN

*

Porte des Morts, Lago Michigan

Salpiamo da Garret Bay
a sinistra ci lasciamo il relitto sommerso del Fleetwing
e mentre prendi il largo a destra c'è il Four Brothers
posso puntare il dito sulla riva verso Gills Rock
sott'acqua la chiglia dell'Agnes Behrman
il ponte del Sardinia la prua del Maria
la mia Contea si chiama Door
ma in realtà si fa i poetici
giusto quel che basta a non darti l'idea
perché viene dal nome Porte de Morts
porta dei morti
che è lo stretto verso cui facciamo rotta.
È risaputo che gli indiani sono bravi con i nomi.
Fu chiamata così quando uno tsunami
artigliò la terra in cui lottavano
e spinse sul fondale gli eserciti
dei Winnebago e Potawatomi
e quasi estinse le tribù insieme alla loro guerra.
Tra acqua e terra non c'è differenza.
Il vento che spiega le vele o le spezza
è lo stesso che spazza le grandi pianure.
Ciò che lì chiami uragano qui chiami tempesta.
Eppure c'è una differenza
la terra inghiotte case intere
ma quando l'acqua sommerge un veliero
non la scavi non si toglie.
Molte vite sono sepolte qui

WISCONSIN

*

Porte de Morts, Lake Michigan.

We set sail from Garret Bay
and to the left we pass the wreckage of the Fleetwing.
And there to starboard is the Four Brothers.
I can point my finger toward Gills Rock,
the keel of the Agnes Behrman, underwater
the bridge of the Sardinia, the bow of the Maria.
Our county's called Door County,
but honestly, we make it poetic
just enough not to give you the right idea:
because it comes from the Porte de Morts,
The Door of the Dead,
the strait we're headed for.
The Indians, we know, were good at naming.
So this took the name of the tsunami
that scraped the earth where a war was fought and
pushed down to the lake bottom
both Winnebago's and Potawatomi's armies,
almost wiping out their tribes together with their warfare.
No difference between water and land.
The wind that fills the sails and can break them
is the same that sweeps the plains.
What we call here a storm you call there a hurricane.
Yet there is a difference:
the earth can swallow entire houses,
but when water sinks a ship,
you can't begin to dig it up.
Many lives are buried here.

molte navi sono un cimitero
la chiglia in su come uno sterno scarnificato
altre vicine tra di loro sdraiate di lato
come figlie di giganti assiderate nell'inverno
altre guardate dall'alto
hanno stive nere come pupille rettangolari
e i ponti e i parapetti sono palpebre
e ciglia ancora aperte nel gelo polare
ad assorbire la rifratta meraviglia del cielo.

E più sono i sepolti più il passaggio si fa stretto
più la vasta lingua d'acqua che vedi in superficie
non è il suo fondale.
È l'era terribile questa
in cui il fondale si restringe
e il sommerso l'invisibile
non è meno micidiale della tempesta.
E poi verrà l'ora all'altro capo del tempo
che al pari della genesi Dio vide e gli piacque
in cui i relitti e i loro morti saranno abbastanza
per colmare questo abisso che divide
ed i vivi e i sepolti camminando sulle acque
varcheranno la distanza.

Many ships become mausoleums,
their keels up like stripped sternums,
others lie alongside each other
like daughters of giants frozen in winter.
Others, when seen from above,
make rectangular pupils of their black holds,
and their decks and parapets are eyelids
and lashes still open in the polar cold
to soak up the refracted wonder of the sky.

The more buried here the narrower the passage,
while the vast tongue of water you see on the surface
betrays its depth.
This is the terrible era
when the lake bed narrows
and the submerged, the invisible
is no less deadly than the storm.
And then the hour will come from time's far shore,
that hour in the beginning God saw was good
when the wrecks and their dead will be enough
to fill the abyss that divides,
and the living and the buried will be walking on the waters,
passing through the distance.

KENTUCKY

*

"Ain't no grave can hold my body down" di Johnny Cash cantata durante la funzione nella chiesetta di Sacred Heart

Canta nero pastore e balla in questa chiesa
di assi bianche messe insieme dal sudore
di sangue dei tuoi quattro parrocchiani.
Perché ho scordato quanto pesa
la colpa e quanto chiari
devono essere i ricordi del proprio Getsemani
quanta danza per liberare
il corpo dai propri demoni.
Appoggio la schiena alla parete
di questa capanna col campanile
mentre vi guardo ballare con il prete
il legno è così sottile che sento il sole
tramontarmi giù per la spina dorsale.
Se non è in questa danza e poi fuori tra i campi
se il grano che si miete non fa il pane
e il pane non è carne che non muore
che mi frega di socchiudere la mano e il gesto ampio
che mi frega che nel vento sia grano
o la cenere del mio cuore?

Quando l'arcangelo suonerà la tromba possente
e noi riaffioreremo dalla tomba come grano
dite al mietitore che un giorno
mi trovai nel Sacro Cuore ed era gente
non una visione.
Il mio cuore era lontano

KENTUCKY

*

Ain't no grave can hold my body down. Sung by Johnny Cash at the Church of the Sacred Heart

Sing black pastor, and dance in this church
of white wooden boards put together
by the sweat and blood of your handful of parishioners.
Because I have forgotten how heavy it is,
my fault—how clear my memory
should be of my own Gethsemane,
and how much dancing it takes to free
the body from its demons,
I lean my back against the wall
of this cabin with a belfry
while I watch you and this dancing priest.
The wood is so thin I can feel the sun
move down my spine.
If it is not about this dance, then out in the fields
if wheat you reap doesn't come to bread,
and bread does not turn into immortal flesh,
then what does it matter if I open my hand,
and what do I care if I sow wheat in the wind
or the ashes of my heart?

When the archangel blows his mighty trumpet
and we rise from our graves like wheat,
tell the reaper that one day
I found myself in the Sacred Heart, and there were people,
not just some vision.
My heart was distant,

come al di là di un campo
troppo vasto il dolore della colpa.
Come uno con in corpo troppo vino
da uomo bruciato risi della redenzione
e l'abbracciai casto come un bambino.
Buono e ultimo
almeno e solo per un attimo.

Questa vita a cui non basto
nella quale guardo tutto da lontano
è la vita in cui Lui da lontano mi vide
è il vangelo che ci falcia all'altezza del tallone
per essere deposti tra le spighe
e poi nell'impasto con il ladrone.

as if stretching far across a field
so vast was the pain of my guilt.
Like someone drunk with too much wine,
a burnout, I laughed at redemption,
but then I embraced it chaste as a child.
I am good, for I am last,
only for a moment and at least.

This life for which I am never enough,
from which I see everything from a distance,
is also the life where He saw me from afar.
It is the gospel cutting us down at the heels
to be harvested like a sheaf
and then into the dough, with the good thief.

WYOMING

*

Non resta che il West.
La traversata mi ha ucciso la famiglia intera.
Pianto cinque croci di legno
a miglia di distanza l'una dall'altra
tutte poco lontano dal sentiero
in mezzo a salvia salvia bianca e tamerici.
Le conficco con tutta la forza
delle braccia e del pensiero:
come fanno senza radici?
Di terra disabitata in terra straniera
ora mi trovo a camminare
tra le mani verdi alzate in preghiera
e le teste d'oro del granoturco
che dicono di sì per abbandono nell'urto
orizzontale del vento.
Mi guardano chine esauste
come schiave sotto la frusta.
Dall'immenso fruscio mi fanno: *resta.*
Ma non posso.
Forse un giorno cederà la diga del pianto
e avrà di nuovo senso dire *ritorno restare.*

Perché è un onore insopportabile
essere come un dio che può solo ascoltare
non poter pensare *casa* alzare un canto.
Ora dico: Wyoming
ma in fondo lo so che hai altri nomi
che passando di qui sono morti tanti uomini.
Non ho più bisogno di un sogno voglio entrare

WYOMING

*

Nothing is left but the West.
The crossing murdered my whole family.
I plant five wooden crosses
each miles apart,
all of them close to the trail
among sagebrush, silver sage, and tamarisk.
I jam them firm into the ground
with my arms and think:
Without roots, how will they last?
From deserted land in a foreign land
now I find myself walking
among green hands lifted in prayer,
among the golden tassels in a cornfield
all nodding yes, abandoning themselves
to the horizontal blast of wind.
Exhausted, they look at me
like slaves bending under the whip.
With their rustling they make as if to say: *stay*.
But I can't.
Maybe one day the dam of tears will relent
and it will make sense to say anew: *return*, *stay*.

Because it is an unbearable honor
to be like a god who can only listen,
unable to think or lift a song of *home*:
now I say: *Wyoming*,
but I know deep down that you have other names,
that passing here so many men have died.
I no longer need a dream, but I want to wade

fino al petto nel Pacifico
solo per voltarmi verso un mondo
con nel cuore quelle croci di legno
e dire: *Se non lo sono io qui adesso*
nessuno sarà degno del tuo regno
col mio sguardo e il mio silenzio unifico
raccolgo la miseria e l'immenso
ed ora che avere non ha più un senso
è tempo di chiederti cosa significo.

into the Pacific up to my chest,
only to turn back toward a world
with those wooden crosses in my soul
and say: *If I am not here, now,*
nobody will ever be worthy of your domain.
With my searching and silence
I wed misery to the immense,
and now that to have makes no sense,
it is time for me to ask what do I mean.

TEXAS

*

Attraversare II

Buio pesto
la tua torcia illumina
Los Estados Unidos solo in parte
il fiume e il terrapieno che lo argina
ma non può niente contro il buio senza luna
della loro anima.
Metti nostra figlia sulle spalle per passare meglio
il cerchio della torcia vi stampiglia
l'ombra sulla schiena e la salda come fosse una.
Non avrei dovuto restare a guardare afferrata
al filo della recinzione
è terribile vedervi guadare
con lei che si volta e chiama il mio nome
senza vedermi il volto.
Ti ho detto mille volte *Non andare*
sono così vuote le loro parole e così immenso il maltolto
di sogni che la loro infelice allegria riscuote
con il nostro assenso. Anche quando vedo sbandare
il pickup della polizia di frontiera
e la polvere della frenata alzarsi e inghiottirvi
gialla come una nuvola di zolfo so che non ne vuoi sapere
delle mille albe viste insieme incastonarsi nel golfo
ad Heroica Veracruz mentre mi chiedi di rifarlo.
Tu credi sia una scuola da brochure per nostra figlia
la visione di una grande casa ma non è vero
so che è il tarlo di qualcosa
senza fine e senza nome
e che non è al di là del fiume.

TEXAS

*

Crossing II

Pitch dark,
your flashlight illuminates
just a little of Los Estados Unidos:
the river and the levy that shores it up.
But nothing can be done against the moonless dark
of their soul.
You put our daughter on your shoulders to better cross over,
and the circle of your flashlight stamps
the shadow onto your back and welds it into one.
I shouldn't have stood by watching, clenching
the barbed-wire fence.
It is awful to see you wade across
with her turning and calling my name,
without seeing her face.
I told you a thousand times, *Don't go.*
Their words are so empty. And so immense is the toll
of dreams that their unhappy joy steals from us
with our own consent. Even when I see
the Border Patrol pickup skidding to a halt
and dust rising to swallow you up,
yellow like a cloud of sulfur, I know you don't want to know
about the thousand dawns we saw together in the gulf
at Heroica Veracruz when you asked to make love again.
You're thinking it's a boarding school for our daughter
and a dream of a big house. But it's not true.
I know it's a worm eating away at you
nameless, and it goes on forever,
and it's not across the river.

NORTH DAKOTA

*

Fargo, 4 febbraio 1984, Diciannovesima e North university drive

Caro Pietro
chissà se mai vi verrà a noia
queste propaganda idiota
di dire *America* e pensare *California*
e volgerete gli occhi a stati come il North Dakota.
Non credete a questa storia
che non abbiamo bisogno.
E più seria di quanto pensassimo
l'antimateria dell'assenza di una vita remota.
Lo so che è strano dirlo adesso ma il sogno
che vi abbiamo promesso
questa nostra anima devota
quasi idolatra alla legge a una vita futura
è anche perché non sapevamo
e avevamo paura.
Il tempo alle spalle come questa radura sconfinata e vuota.
Ma meglio di voi sappiamo cosa può la natura
come scuota i rami del nostro pensiero che ancora non tengono
e il fogliame dei nostri ricordi che non può diventare antica scrittura
si stacca troppo spesso e ruota
orizzontale nel vento del tempo.

Caro Bryan
ti prego di credermi quando ti dico
che mi hai fatto entrare in te ben oltre le tue parole
che sei il mio migliore amico.
Posso vedere coi tuoi occhi una giornata di sole

NORTH DAKOTA

*

Fargo – February 4, 1984 – Nineteenth and North University Drive

Dear Pietro,
I wonder will you never get bored
of this idiotic propaganda—
saying *America* and thinking *California*—
and turn your eyes to states like North Dakota?
Don't believe the story
that we have everything we need.
A more serious matter than we thought:
the antimatter of the absence of a remote past.
I know it's strange to say it now but the dream
that we promised you,
this devoted soul of ours
almost idolizing the law and the future.
It's also because we didn't know
and were afraid.
Time behind us is like this boundless and empty plain.
But we know better than you what nature can picture:
how it shakes the branches of our thought which can't seem to hold,
and the foliage of our memories which cannot yet become scripture
falls off too often and spins out
horizontal in the wind of time.

Dear Bryan,
Please believe me when I tell you
that you made me enter your life far beyond your words,
that you are my best friend.
I can see with your eyes a sunny day

a Fargo nel febbraio del millenovecentottantaquattro.
Sono al volante sulla diciannovesima e Nord
diretto in centro guardo lo specchietto retrovisore.
Devo uscire dall'auto mi fermo
per guardare meglio
perché in questa poesia sono di Fargo come te
e come te già credo di sapere cosa sia il rigore dell'inverno.
Va ancora bene il nevischio
così fitto e pesante che scroscia sull'asfalto
come ghiaccio versato in una vasca
il freddo catarro che il vento ti sputa in bocca e sulla faccia
il cofano e il baule dell'auto arenata
che la neve già si è messi in tasca
e l'abitacolo incastonato nel bianco.
Ma nemmeno nella bibbia!
Soltanto i nostri vecchi in nord Dakota mi avevano parlato
di questo leviatano e del suo incanto,
di questo muro bianco che avanza compatto e non è nebbia
e in sé non porta amore o rabbia o niente di umano
e ti mette nel petto un cuore di cervo
e l'amen dei suoi occhi agli abbaglianti.
Viene a grandi passi pesanti solido nel vento
come avesse fame perché senza che nessuno lo sapesse
il tempo ha smesso di essere acerbo
e non è più un presentimento il tuo destino è un ululato
che chiami vento e invece è cerbero
che da un luogo invisibile avvista la nuvola del tuo respiro
e si lancia all'inseguimento.

Caro Pietro
forse in fondo tutto si riduce

in Fargo, in February 1984.
I'm driving on 19th and North
heading downtown, and I look in the rear view.
I stop and get out of the car
to have a better look
because in this poem I'm from Fargo like you,
and like you I think I already know what a hard winter is:
I'm fine with the sleet
so thick and heavy that it crashes on the asphalt
like ice poured into a tub,
with the cold phlegm that the wind spits into my mouth and my face,
with the hood and trunk of a stranded car
the snow has already submerged, right
up to the windows, a stone set in white.
Not even in the Bible!
Only our old men in North Dakota had spoken to me
of this leviathan and his hypnotic song,
of this thick white wall advancing. It is not fog,
and it does not carry love or anger or anything human,
and in your chest it puts the heart of a deer
and the amen of his eyes on your headlights.
He comes with great strides, heavy, solid in the wind,
as if he hungers because, without anyone knowing,
the time is ripe,
and your destiny is no longer a premonition but a howl
that you call wind, yet it is Cerberus stalking
the cloud of your breath from a hidden realm
and chasing you down.

Dear Pietro,
Perhaps it comes down, after all,

a questa nostra fratellanza.
Carichiamoci in spalla ognuno la sua croce.
Guardami negli occhi e voltiamoci indietro
verso la terribile radura così piena di distanza
della tua memoria e della mia natura.
Non si può porre fine a questo inverno
ma possiamo restituirgli lo sguardo
anche con questo cuore infermo e pieno di paura
che però sia assoluta pura
poesia piena di silenzio interno.
Davanti avremo la fine e dentro
qualcosa che è un inizio ma non è
la nostra vita futura.

to this brotherhood of ours.
Let us each take up our cross.
Look me in the eye, and let's both turn back
toward the boundless, terrible great plains
of your memory and of my nature.
We cannot fathom an end to this winter,
but we can return its own gaze
even with this sick and fearful heart of ours,
an awe absolute, pure
poetry full of internal quiet.
The end will be ahead of us, and inside
something which is a start but isn't
for us some future life.

PIETRO FEDERICO was born in Bologna, Italy in 1980, and currently lives in Rome. Writer, copywriter, story editor and professional translator. *Mare Aperto* (Published by Nino Aragno Editore, Turin, 2015) was the winner of the Subiaco Award 2015 and Ceppo Award 2017; *La maggioranza delle stelle – Canto Americano* (Edizioni Ensemble, Rome, 2020). Some of his translations: "Le storie più mute" by Katherine Larson (Edizioni Interlinea), "La ballata del carcere di Reading" by Oscar Wilde (Giuliano Ladolfi Editore), "Poems" by Martha Serpas (in Testo a fronte published by Marcos y Marcos).

JOHN POCH is Professor of English and Creative Writing at Grace College in Indiana. His poems and translations have appeared widely in magazines such as *Poetry, Paris Review, The Nation*, and *Agni*. He is the author of eight collections of poetry, and his most recent books are *Notes on the Poet* (Measure Press 2023) *God's Poems: The Beauty of Poetry and the Christian Imagination* (St. Augustine's Press 2022).